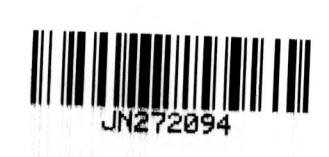

これだったんだ！
グリーンインテリアのコツ

初めてでも失敗なしにセンスよく見える方法

北代 京子

講談社

はじめに

グリーンはこの地球にしかない自然からの贈り物。
特に日本人は、自然の移り変わりに敏感&繊細に反応して世界に誇る文化を築き上げてきた国民です。
「なのにどうして、家庭にグリーンが少ないのかしら?」これが三十数年ニューヨークで暮らして帰国した、私の最初の印象でした。「なぜ?」を会う人にぶつけると、

グリーンは好きでほしいけど.......

忙しくて、育てることに気が回らない
試してみたけど、枯らしてしまった
センスがないから……

これが繰り返し聞こえてきた「なぜ」のトップ3でした。
当然ですが、グリーンが嫌いなわけではないのです。

それならば、とまとめたのがこの本です。
ショートカット(近道)は私のお手のモノ。昔からショートカットを見つけるための時間は惜しみません。お料理と同じように、グリーンの生育にも質を犠牲にせず結果を得るショートカットがありますので、ご紹介します。
　住いに新たなエネルギーをもたらすグリーン。忙しい方にこそグリーンの癒やし効果を実感していただきたいのです。
枯らしてしまう方、これまでの失敗は成功のもと!　水やりや日当たりなど失敗した原因を見直せば、グリーンはイキイキ育ちます。5億年の歴史がある植物は、生きることでは私たちの大先輩。そうヤワではありません。
センスに自信のない方には55のアイディア写真を載せました。お好きなものをコピーしてみてください。何度か試しているうちに、あなた独自のセンスが生まれます、必ず。
案ずるより産むがやすし。考えるよりずっとラクに、グリーンとの豊かな生活が始まります。
まずは一鉢、とにかく一鉢置いてみてください。作ってみてください。

北代京子

上段右から、コウモリラン、シダ、オリヅルラン、スウェーディッシュアイビー、蘭。下段左から、ザミアソテツ、マドカズラ、バニーカクタス、ハオルチア、エケベリア、グリーンネックレス、ネフロレピス。

私の部屋は実験室

6畳の部屋にはありとあらゆる植物が集まります。窓辺にガラスの棚板を1枚足して、植物を置くスペースを広げました。この窓辺には形や大きさ、雰囲気の違う植物がランダムに混在するので、鉢は青、オレンジ、ガラスの3種で統一するようにしています。

ここに最近、人気者のコウモリランがやって来ました（上段の右）。普通に植えられた姿ではなんでもないのに、横にすると急にかわいくなる個性的なグリーン。葉の形がぶら下がるコウモリのようなので、天井から吊るしたり、壁に掛けたりしたものをよく見かけます。素敵ですが、水やりが大変そう。うちではガラス棚にただゴロンと寝かせ、時々縦に起こして水やりをし、シッカリと水を切って、またゴロンと寝かせています。このアイディア、ブログに書いたら大ウケでした。

踏み台はナースステーションがわり。少し疲れた植物の特別席です。今は花の終わったオンシジュームとペペロミアがリハビリ中。

初心者でも失敗しない
基本以前のテクニック
10

インテリアショップで素敵な鉢植えを見つけたときに、「グリーンは好きなんだけどいつも枯らしてしまうからやめておこう」「癒やし系のインテリアとして部屋に置きたいけど土が苦手だし世話も面倒くさそう」……。そんなふうに思って躊躇《ちゅうちょ》していませんか?　でも大丈夫。この10ヵ条さえ知っていればグリーンとの付き合いはとても気楽になるはず!

1 最初に揃えるべき道具は家にあるものでOK。

❶やった量がわかる水やり用計量カップかペットボトル。❷土に刺し、中の湿り気を調べる串。❸絡んだ根をほぐし土を押さえて落ち着かせるフォーク。その他、葉水用霧吹き、細かな水やりに洗浄瓶、土入れも、あれば便利。

左から、土入れ、計量カップ、串、フォーク、霧吹き、洗浄瓶。籠などに一緒に収納しておくと便利。

2 植え替えずに買ってきたままのポット苗でもOK!

園芸店などでグリーンを買うと簡易なビニール鉢に入っています。そこからわざわざ素焼きの鉢などに移し替えなくても、そのままかわいい鉢カバーにポンと入れれば見た目が素敵だし、他の鉢カバーに替えるときにも楽。

外側を覆うための「鉢カバー」と土を入れる「鉢」を使い分けられれば脱·初心者は近い。

3 まずは1鉢。連れ帰った植物はいちばん目に付くところに置く。

1鉢なら手間はかかりません。元気ないかな?　あっ新しい芽が出てきた!ベッドサイド、キッチン、いつも座る机の上など、常に身近に置いてあればちょっとした変化にも気づきます。これがグリーンと暮らす豊かさです。

買ってきた当初は気にしていても、しばらく経つと存在ごと忘れてしまうということがないように。

4 水やりは土が水を吸い上げる鉢底から。

上からの水やりは土が十分に水を含む前に流れて出しまうことがありますし、いつも上から水をもらえると思ってしまうと根は、安心して下に伸びようとしなくなりがち。地下水を吸い上げるようなセッティングを作ります。

鉢より一回り大きい容器に入れ1/3くらいの水深で数時間~一晩土が湿るまで水につける。

5　水やりのタイミングは土が乾いてからが基本。

実は、植物を枯らす人のほとんどはズボラではなく、逆にマメすぎる人。毎日毎日決まった時間にたっぷり水を与えられる環境は、多くの植物にとっては辛いもの。人気の多肉植物などは1ヵ月に1〜2度程度の水やりで充分。

串を深く土に刺してみて、湿った土が串についてこないようなら水をやるタイミング。

6　何を買ったらいいかわからない、迷った時はショップで聞く。

置く場所の日当たりの有無を伝えて、丈夫で育てやすい植物を教えてもらいましょう。たくさんの植物からでは迷います。オススメを3種類選んでもらい、その中であなたがいちばん気に入った一鉢に決めましょう。お見合いと同じです。

プロは植物の性格をよく知っています。あなたのライフスタイルや好みを伝えればOK。

7　狭い部屋ほど背の高い大きい一鉢で勝負してみる。

部屋が狭いからと、圧迫感のない小さな鉢植えを選んでいませんか?　実は逆。狭い部屋に小さな鉢をいくつも置くより、背の高い鉢をドンとひとつ置いた方が、足元のスペースを取らず部屋を広く見せ、かつ存在感が生まれます。

背の高い鉢は人の動きの邪魔にならず、縦線の強調でスッキリとした印象を与えます。

8　枯れた葉を取り除けば、グリーンは姿を保ち健康に育つ

枯れた葉は決して元には戻りません。残しておくと見た目が悪いだけでなく、光と風の通りが悪くなり、植物自体に良くありません。取り除きましょう。大きな葉はハサミで、小さい葉や根元はピンセットが便利です。

植物とあなたの利害は一致しています。変色した葉などは取り去って、見た目優先で手入れをして大丈夫。

9　枯れてしまったときは感謝して捨てる。罪悪感を持たない。

枯らすのがいやだから部屋にグリーンを置かないというのは、とても残念なこと。たとえ枯らしてしまったとしても、しばらくの間寄り添って楽しませてくれたことへの感謝の気持ちがあれば、植物もその時間を喜んでいるはずです。

枯れたものを放置していると部屋の印象も運気も下がります。掃除こそ供養と心得て。

10　とにかく毎日「見る」こと。見ていれば植物は応えてくれる。

「見る」って積極的な行為です。興味を持っているよ、という愛情表現。人も猫も犬も金魚も、植物だって愛されたいのです。見られることでヨッシャ！ と根を伸ばし、葉を伸ばし、花を付けます。生き物ってみな同じです。

成長を見てやりましょう。時には話しかけたり触ってみたり。生きているもの同士の会話です。

CONTENTS

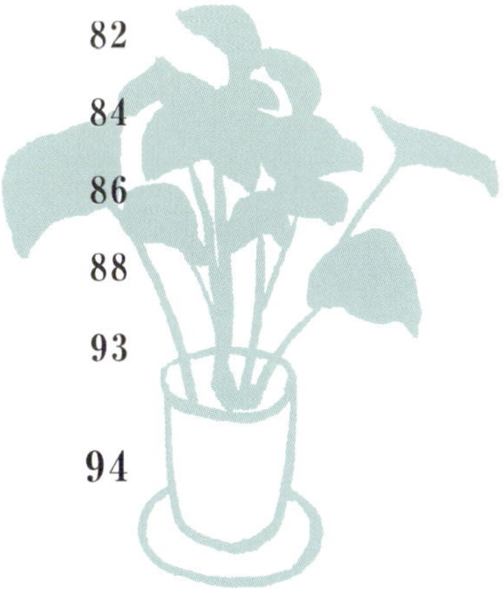

本書の使い方

植物の名前について

本書では植物名は学名や外国語名ではなく、園芸店などで流通している、日本で一般的な名称を使用しています。

世話の仕方について

記載されている世話の方法は、関東地方の平野部を基準にしています。お住まいの地域の気候によって栽培・管理の判断をしてください。

Chapter 1

部屋の中ですぐできる！センスよくグリーンを飾るアイディア6

お金も手間もかけなくても、センスのいい飾り方はできます。なんだ、こんなに簡単ですぐできることなのに気付かなかった！　と膝を打ちたくなるような室内グリーンインテリアの飾り方を紹介します。まずは部屋の中にひとつ、お気に入りのグリーンを飾ることから始めてみましょう！

Idea
1

多肉植物の寄せ植えなら月1～2度の水やりでいいから、どんな食器も鉢がわりにできる

360度どこから見ても楽しめるアレンジは、こんもりとしたドーム形。フルーツバスケットのイメージです。主役は葉が花のように放射状に広がる黒法師。コントラストとして白花のカランコエを添え、グリーンネックレスをブドウのように流します。隙間は火祭で埋めて。

使った植物

黒法師　3号鉢を1個

花のような形とツヤのある黒い葉が特徴。日光不足だと色が薄くなる。生長とともに下葉を落とし茎立する。夏は明るく涼しい場所に。

カランコエ　2号鉢を3個

日が短くなる時期に花芽を付ける短日植物。乾燥に強く、水やりを忘れてもまず枯れない。やりすぎると根ぐされを起こす。

グリーンネックレス　3号鉢を1個

名前通りの形状の多肉植物で、丸い玉に水を蓄えて育つ。乾燥に強く多湿が苦手。日差しが強すぎると玉が小さくなり、色褪せる。

火祭　2号鉢を4個

特に育てやすい初心者向け。肉厚で細長い葉は光と寒さで赤みを増す。生長が速いので伸びたらカット。それを数日干せば挿し穂に使える。

その他用意するもの:

- 器:直径16cm×深さ7cmの果物鉢
- ミリオン（根ぐされ防止用）
- 多肉植物用の土

※ミリオン
「珪酸塩白土」と言われる土の商品名。水に対して強力な浄化作用があり、穴のない鉢の底にひと並べすることで根ぐされを防止する。

作り方

1 器の底に根ぐされ防止用としてミリオンを入れ、土を底から深さ2cmほど入れる。

2 植物を鉢から出す。黒法師とカランコエ3鉢分を根の部分でぎゅっとひとまとめにして、器の真ん中に据える。

3 グリーンネックレスを器の縁近くに入れ、残ったスペースに火祭を加え、スプーンの柄等で押さえて土を落ち着かせる。

4 スプーンを使って、隙間を土で埋める。柄で土を押さえて、落ち着かせる。

5 植えて1週間後、150mlほどの水を縁の周りからゆっくりと注ぐ（目盛り付き洗浄瓶が便利）。アレンジが崩れないように押さえながら器を傾け、余分な水が出てくれば、流し捨てる。

6 2～3週間後串を刺し、引いて湿っていなければ水やり時。水やりは5の要領で。

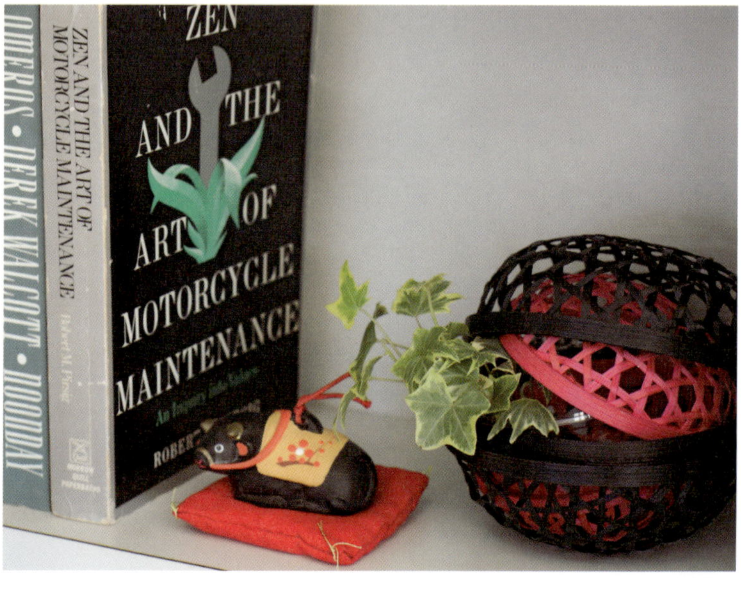
DEREK WALCOTT
NOONDAY
ZEN AND THE ART OF
MOTORCYCLE MAINTENANCE
Robert M. Pirsig
ZEN
AND THE
ART OF
MOTORCYCLE
MAINTENANCE
An Inquiry into Values

Idea 2

お菓子の入っていた籠＋ペットボトルの底が、彩色と重ね方ひとつでモダンな和の飾りになる

日本は包装大国。缶・プラスチック容器・包み紙とキレイすぎて捨てるのは「もったいない」。そんなものの一つ、お菓子の入っていた大小の籠を重ね、ペットボトルの底部分を中に入れて、水を足し、水耕栽培のアイビーを滑り込ませました。どこに置いても、注目の的。

使った植物

水耕栽培のアイビー　1株

耐寒温度0～3℃、丈夫で育てやすい。水耕栽培の苗が手に入らないときは、通常のアイビーの切り枝を輪ゴムなどで軽く束ねて使える。

その他用意するもの

- お菓子の入っていた直径12㎝の黒籠　2個
- お菓子の入っていた直径9㎝の赤籠　2個
- 310mlのペットボトルの底部分、高さ3.5㎝

作り方

1 小さい籠を大きな籠に入れて、ペットボトルの底を中に入れる。

2 水耕栽培のアイビーを差し込み、水を注いで上に籠をかぶせ、完成。くの字形のチューブがついた洗浄瓶があると水やりが便利。

3 アイビーは耐陰性が強いので、日が届かない本棚の飾りとしても使える。ただし、風通しが悪いと病害虫が発生しやすいので注意。

Idea
3

欠けてしまったお気に入りの器には、色を揃えた花を植えればインテリアのポイントとして再生できる

欠けてしまったけれど捨てられない器は、どこのご家庭にもあるもの。そんな器は絶好のプランターになり得ます。ごはん茶碗などは小さなグリーンに丁度良い大きさ。ビーズサイズのバブルジェリーに水を吸わせ、器と同じ色のユーフォルビアを入れたら、なんともかわいいアレンジになりました。器と花の色合わせを考えるのがキレイに見せるコツです。

使った植物

ユーフォルビア`リア´　1鉢

日照時間が短くなると咲く短日植物で、開花時は秋から春。真夏は明るい日陰に置き、高温多湿で蒸れないように。冬は暖かい日当たりの良いところで、0℃以上で管理。

その他用意するもの

- バブルジェリー　ひと握り
- ごはん茶碗　1個
- ミリオン　少々
- 下に敷いた籠　1個

作り方

1 バブルジェリーを水に浸してふくらませ、ごはん茶碗の底に根ぐされ防止用のミリオン（P.11参照）を入れ、その上にひと握りのバブルジェリーを加える。

2 植物を鉢から出し、ごはん茶碗の中央に置き、バブルジェリーを加え根元に水が溜まって腐らないよう、植物を少し高い位置で落ち着かせる。

※バブルジェリー
ビーズサイズの小さなプラスチック粒だが、水に浸しておくと水分を吸収し、タピオカサイズにふくらむ。土ではないので清潔。植物は腐りにくく、含んでいる水を吸い上げ育つ。

しばらく飾って楽しん
だら、七草がゆにして
「いただきます!」。

Idea
4

花屋さんばかりが
グリーンの調達場所ではない。
スーパーの野菜売り場にも
グリーンインテリアのヒントがある

お正月過ぎに、スーパーや八百屋さんの店先に並ぶ、七草。買って帰り、若々しい緑をガラスの器でディスプレーして存分に目で楽しんでから、七草がゆにして無病息災を願いながら美味しくいただきます。

使った植物

セリ

池や小川など水のあるところに、せりあって生えることからセリと名が付いたそう。夏には白い花を付ける。

ナズナ

ペンペン草のほうが知られた呼び名。日当たりの良いところに生える。春に十文字形の白い花を付ける。

ゴギョウ

まとまって生える。葉にびっしりと綿毛が生えている。春に小さな黄色の花をたくさん咲かせる。

ハコベラ

住宅地周辺の道端などで春先に小さな白い花を付ける。小鳥がよく食べるので、ヒヨコグサとも呼ばれる。

ホトケノザ

葉の形が仏様が座る蓮の葉のように見えることが名の、由来。冬から春先に、小さな黄色い花を付ける。

スズナ

カブのこと。名の由来は形が鈴に似ているからという説もあるが、スズは古語で青を意味し、青菜の意。

スズシロ

ダイコンのこと。スズシロのスズは古語の青、シロは白でこれが名の由来となっている。

その他用意するもの

- ガラス容器
  15cm×4cm×高さ10cm

作り方

まずは、買ってきた七草を、しばらく水を入れたボウルに放ち、葉をパリパリに元気にします。ガラスの器に水をはり、それぞれ違う葉の形や、カブやダイコンが見えるように、アレンジして。

Idea
5

オードブル皿を使って
細長く1列に
たくさんの多肉植物を並べただけで
こんなに面白くなる

艶やかなダイニングテーブルに負けない豪華で面白みのあるアレンジ。オードブルに使う細長い白の食器に姿も色も高さも違う多肉植物を盛りつけ、センターピースがわりに。テーブルの鏡のような表面とリッチな色をさらに強調します。食事をする場所ですから、土のかわりに衛生的な人工培養土を敷いてあります。多肉植物は月に1～2度の水補給で充分。維持に手が掛かりません。

使った植物

フミリス

黄緑色の葉に赤い縞模様が特徴。夏は強い日差しを避け、冬は日差しの入る室内で育てる。

もみじ祭

生長は早めで、夏にも冬にも強い。葉はやや薄く三角形。夏に緑の葉が秋に真っ赤に紅葉する。

グリーンネックレス

丸い玉状の葉に水を蓄え乾燥に強いが高温多湿の蒸れに弱い。風通しの良い木漏れ日の当たるような所で育てる。

エケベリア

色鮮やかな葉が重なって、華やかなロゼットを形成。標高の高い地域に自生するので高温多湿に弱い。

テトラゴナ（桃源郷）

暑さ、寒さ、乾燥に強く、日当たりを好む。葉は黄みがかった緑色で針状。茎は直立し基部は木質化する。

黒法師

葉は主に幹の先端で放射状に展開し日当たりを好む。高温多湿に弱いので夏は風通しの良い半日陰に移す。

八千代

バナナのような黄色いぷっくりした葉を重ねる。生長は遅いが葉が落ちにくく、茎はやや太め。

雅楽の舞

日当たりの良い場所で管理。葉や茎根に貯水組織が発達している。砂漠や山岳地帯で育つ。

その他用意するもの

- オードブル皿　長さ60cm×幅8cm×深さ2cm
- 人工培養土（ハイドロボールやセラミスなど）

作り方

1 多肉植物を、色、形、サイズ、高さ、方向など、単調にならないよう変化を持たせて人工培養土の上に置いていく。

2 容器の縁《ふち》が植物をうまく支えてくれるよう配置し、植物どうしのすきまを培養土で埋める。

Idea
6

そのまま『手土産』にもなる小さな鉢をテーブルランナーに合わせて包装して飾る

ポット苗をラッピングペーパーで包んでセンターピースに。テーブルランナーもラッピングペーパーですが、フラワーポットを銀のお皿にのせると数段ランクアップします。遊びに来たお友達に帰りがけ持たせてあげられる、気軽なプレゼントにもなります。

使った植物

カランコエ`クィーンローズ・パリ´
2号鉢　3個

開花時期は秋から春。夏は明るい日陰に置き、高温多湿で蒸れないように。冬は暖かい日当たりの良いところで0℃以上で管理。

その他用意するもの

- 包装紙　50×75㎝
- 麦わらのリボン　210㎝
- 銀の小皿　3枚

作り方

1 包装紙を縦に幅20㎝と30㎝に切り分け、30㎝幅はランナーに使い、20㎝幅で20㎝の正方形を3枚作る。

2 正方形の包装紙の中央にカランコエの鉢をのせて包み、70㎝ずつに切ったリボンで鉢の縁近くを二重に巻いて結わえ、包装紙上部を折り返す。

これがPoint!

包装紙は自己主張しないすっきりした模様のものを、そして乾燥に強いグリーンを使うこと。あくまでも一時的な包装なのでこのまま水やりはできません。

Chapter 2

部屋別インテリアのアイディア19

キッチン、リビング、寝室、浴室……グリーンを部屋のどのエリアに置くかによって植物の性質による向き不向き、世話のしやすさ、インテリアとして映えるかどうかが変わってきます。部屋別の飾り方アイディア実例からこのコツがわかれば、応用力がグンと高まります！

Idea
1

紅茶缶、グラス、ジャーなど
キッチンにある容器を鉢カバーとして使うと、
グリーンがこの場にしっくりなじむ

インテリアショップで買ってきた鉢カバーもよいけれど、キッチンにある空き缶、空き瓶、食器や調理器具などのほうが、この場所で育てるのにしっくりはまってイキイキと素敵に見えます。鉢カバーとして積極的に使ってみては。

使った植物

上）ネフロレピス`ツデー´

空気清浄や蒸散作用など室内を快適に保つ。柔らかな日差しの場で、 表土が乾いたら水やりを。乾燥時には葉水を。

下）グリーンネックレス

柔らかい日差しの下で管理。強い日差しでは玉が小さく日陰では茎が間延びする。水やりは土が乾いて2~3日後に。

その他用意するもの

- 紅茶の缶
- アルミ箔
- お菓子のプラケース
- 培養土　0.3リットル

作り方

1 ネフロレピスは缶底がぬれないよう苗の底をアルミ箔で包んで、苗が沈むようなら新聞紙などで高さを調整して缶に入れる。

2 プラケースは洗って乾燥させておくと安心。プラケースに培養土を入れてグリーンネックレスを植え込む。

これがPoint!

乾燥したら土が湿る程度に脇から水やりを。鉢が透明なので土の中の様子がわかって便利。乾燥気味に育てる。

Idea
2

器が3つ並べられるくらいのトレーに のせておけば必要なときにさっと飾れて、 片付けたいときはそのまましまえる

食べ物を置くテーブルやカウンターに、土は置きたくありません。ですから清潔なハイドロボールなどの人工培養土を使います。ハイドロボールを敷いた小さな湯のみに多肉植物を植えてトレーにのせておけば、テーブルを使うときには、さっと動かせて便利です。

使った植物

左から）舞乙女、春萌、火祭

多肉植物は、高温多湿を嫌い乾燥に強い。もともとは外で育つもの。通年室内で育てるときは、日光不足に気をつける。

その他用意するもの

- 直径6㎝×高さ5.5㎝の湯のみ　3個
- 13㎝×32㎝の木製のトレー
- 小粒のハイドロボール

※ハイドロボール
粘土を高温で焼き発泡させたもの。清潔、無臭、軽量で、大・中・小の粒があり器や植物の大きさによってサイズを選択する。

Idea
3

キッチンの窓には
料理に使えるハーブ類と
ちょっとおとぼけの多肉植物の鉢を
ランダムに置いて息抜き

キッチンに窓があれば遊んでみましょう。料理に使うハーブだけでなく手のかからないユーモラスな多肉植物に、しばし仕事の手を休める余裕が生まれます。窓がない？　大丈夫。P.23のようにトレーにのせて、ときどき日の当たる場所に運んでやりましょう。いつも定位置に置く必要はないのです。

使った植物

手前から）十二の巻、イタリアンパセリ、白樺麒麟、アサツキ

多肉植物は乾燥気味に、ハーブは表土が乾いたらたっぷりと水を与える。

その他用意するもの

・十二の巻はクリスタルのボウルに、白樺麒麟は同系色の陶器のコップに入れて。イタリアンパセリとアサツキはお揃いの9㎝×9㎝×高さ18㎝の白い四角鉢に植える。

（写真のイタリアンパセリとアサツキの鉢はレチューザ・ミニキュービ〈ホワイト〉）

Idea
4

使いかけのハーブや野菜の葉をグラスに入れておけば、保存できるだけでなく華やかにキッチンを飾れて一石二鳥

インテリアショップや花屋さんで高価な切り花や鉢植えを買わなくても、キッチンエリアなら食べられる花（エディブルフラワー）や使いかけの葉野菜、パセリやクレソンなどのハーブ類をグラスの水に挿して、フレッシュさをキープしながら緑や花が楽しめます。苗で買ってきたハーブをそのまま鉢カバーに入れるだけでも。

使った植物

ポット苗のバジル、エディブルフラワーのバーベナ、パセリ、クレソン、ディル

ポット苗のバジルはバーベナと同じ赤の鉢カバーに入れ表土が乾いたら水を。グラスの水は小まめに替えます。

その他用意するもの

- 直径12㎝×高さ10㎝の赤い鉢カバー
- 高さ12㎝のグラス

（写真後方の鉢カバーはCOCCO〈レッド〉）

Idea
5

葉の色・形・質感の違う 3つの鉢を合わせれば 一つの寄せ植えのような、 豊かな「寄せ合い」になる

寄せ植えは好きだけど植えつけるのは面倒。そんなときは単品を合わせます。バラバラの寄せ集めにならないように、同じ円形の鉢カバー大小2つを繋げて連帯感をもたせ、3つ目をミラーガラスのキューブにすれば、シャープで洗練された一つのアレンジの誕生です。

使った植物

ネフロレピス`ツデー´　3号鉢

空気清浄や蒸散作用など室内を快適に保つ。柔らかな日差しの場で、表土が乾いたら水やりを。乾燥時には葉水を。

オリヅルラン　3号鉢

空気清浄効果が強く太い根の中に水分を蓄え乾燥に強い。耐陰性も強いが、柔らかな光の当たるところが理想。

シクラメン　5号鉢

花も葉も美しいがここでは花後の葉が主役。日当たりの良い窓ぎわ、寒風の当たらない場所で15~20℃で育てる。

その他用意するもの

- 直径17㎝×高さ14㎝
- 直径12㎝×高さ10㎝
- 12㎝×12㎝×高さ12㎝のミラーガラスの花瓶

（写真の鉢カバーは左の2つはCOCCO〈ホワイト〉〈オレンジ〉、右はミラーガラスのもの）

作り方

1 ショップで買ってきた鉢をそれぞれの鉢カバーに入れます。

2 濃い色の葉には白鉢を、優しい緑にはオレンジ色、シャープな葉にはメタリックなミラーと、互いを引き立て合う組み合わせで。

Idea 6

多目的に使うリビングテーブル。のせるグリーンは清潔ですぐに動かせることが大切。鉢カバーで両方一挙に解決

テーブル上の豊かな緑のバリエーション。一度に楽しむにはやっぱり寄せ植え。鉢カバーを使えば動かすときに汚れた水をこぼすことなく簡単で清潔。まとめ上げるのも鉢カバーの大きな役割ですが、ライトグリーンの鉢はどんなスタイルのリビングにもよく合います。

使った植物

ポトス`ライム´

初心者向けの植物の筆頭。耐陰性があるが柔らかな日差しを好む。水やりは表土が乾いてから。室内の乾燥期には葉水を。

ドラセナ

耐陰性はあるが明るい場で10℃以上が理想。水やりは春~秋は表土が乾いたらたっぷり、冬は乾いて2~3日後に。

オリヅルラン

空気清浄効果が強く太い根の中に水分を蓄え乾燥に強い。耐陰性も強いが、柔らかな光の当たるところが理想。

レックスベゴニア

柔らかい光で風通しを良くして育てる。強い日差しに当てると葉焼けする。水やりは表土が乾いてからたっぷりと。

その他用意するもの

- プラスチックの5号鉢2個
- 直径17cm×高さ14cmの鉢カバー2個
- 鉢底用軽石　0.4リットル
- 観葉植物用の土　2リットル

(写真の鉢カバーはCOCCO〈ライトグリーン〉)

作り方

1 プラスチック鉢の底に軽石を入れ、苗の根元が鉢の縁より1cm位低くなる量の土を入れる。

2 背の高い苗を後ろに低い苗を前に植え、根と土がなじむようにしっかり押さえて落ち着かせる。

3 そっと水をやり、余分な水が流れ出るのを待って、鉢カバーに入れる。

Idea 7

白は意図的に使う強い色。
白の鉢がピンクのアレンジをキリリッと締め、
葉を浮き立たせて印象深い一鉢にする

サイドテーブルにおくのに丁度良い高さ18cmの鉢。シルバーとピンクの優雅な葉のアレンジを白の鉢がキリリッと締め、流れ落ちるカズラのハート形を浮き立たせ、シャープにまとめ上げます。リビングにふさわしい存在感の一鉢。白は計算して使いたい個性色です。

使った植物

ドラセナ・コンシンネ`シルバー´

耐陰性はあるが明るい場で10℃以上が理想。水やりは春~秋は表土が乾いたらたっぷり、冬は乾いて2~3日後に。

シンゴニューム`ネオン´

耐陰性は強いが葉色を保つには柔らかな日差しで5℃以上で管理。水やりは表土が乾いたらたっぷり、冬は乾いて数日後に。

ハートカズラ`レディーハート´

葉色を保つには柔らかな日差しで5℃以上で管理。水をやりすぎると根が腐る。水やりは土が乾いてから2~3日後に。

その他用意するもの

- 直径14cm×高さ18cmの鉢
- 観葉植物の土　0.5リットル

(写真はレチューザ・デルティーニ〈ホワイト〉)

作り方

1 背丈のあるコンシンネを後方に植え、中央にシンゴニューム、最後に前面にハートカズラを植える。

2 シンゴニュームは太陽に顔を向けるので、時々鉢を回すとよい。乾燥時には霧吹きで葉水を。

Idea
8

葉に水分を溜め乾燥をしのぐ多肉植物には、なぜかモダンな真紅の鉢が似合う。室内に明るさと力強さを連れてくる

左ページと同じくドラセナコンシンネを背（後ろに植える背の高いグリーン）に使っても、フロントの植物と鉢の色でここまで違うスタイルが生まれます。カントリーの印象が強い肉厚の多肉植物は、真紅の鉢に入れることでモダンな姿に。室内に太陽の明るさと力強さを連れてきます。

使った植物

ドラセナコンシンネ‘レインボー’

耐陰性はあるものの明るい10℃以上の場所が理想。水やりは春～秋は表土が乾いたら、冬は乾いてから2～3日後。

パールフォンニュルンベルグ

蒸れに弱いので風通しの良い明るい場所で5℃以上で管理。水やりは土が乾いてから2～3日後。

グリーンネックレス

柔らかい日差しの下で管理。強い日差しでは玉が小さく日陰では茎が間延びする。水やりは土が乾いて2～3日後に。

その他用意するもの

- 直径14㎝×高さ18㎝の鉢
- 観葉植物の土　0.5リットル

（写真はレチューザ・デルティーニ〈スカーレット〉）

作り方

1 背丈のあるコンシンネを後方に植え、パールフォンニュルンベルグを足し、最後にグリーンネックレスを鉢の脇からたらすように植える。

2 直射日光の当たらないところで5日ほど休ませ、その後で水やりをする。

Idea
9

揃いの鉢カバーを特別にあつらえなくても
ゼリーのプラカップを
3つ並べるだけで、こんなにかわいい！

バラのような白い花のカンパニュラをセンターピースにして、テーブルをセット。小さいながらもとても華やかです。3つはアレンジがバランス良くまとまるマジックナンバーです。小さい植物ならお値段もはらず長持ちして、花のある贅沢を日々楽しめます。

使った植物

カンパニュラ`ホワイトワンダー´

日当たりと風通しの良い場所でバラのような花を春先から初夏に沢山咲かせる。水やりは表土が乾いたらたっぷり。

その他用意するもの

- ゼリーが入っていたプラカップ　3個
- 人工培養土
- プラスチック製のトレー

作り方

1 カップの底に人口培養土を2cmほど入れてカンパニュラを植え、さらに周囲とトップを培養土で埋める。

2 3つのカップがのる長さのトレーにのせて、センターピースのようにテーブルに。

これがPoint!

2号鉢のグリーンがこのアレンにはぴったり。トレーやお皿にのせると便利なだけでなくランクアップします。

Idea
10

伸びたハーブの野趣にあふれる姿は、
それはそれで味わい深い。
わびさびの風情にも通じ、
和にみごとにマッチする

日陰で茎が間伸びして、あっちこっちにぴょんぴょんと跳ねるハーブ。
自然な味が和室によく合います。考えたらハーブって薬草ですもの。
マニュアルどおりに日なたで育てず、時々日に当ててやりながらも、
あえてこんなふうに使ってみるのも個性的で面白いものです。

使った植物

ラベンダー

日当たりと風通しの良い場所で育てる。蒸れると下のほうの葉が黒く変色する。水やりは土の表面が乾いてから。

オレガノ

イタリア料理に欠かせない消化を助けるハーブ。日当たりと風通しの良い場所で育て、水やりは土が乾いてから。

その他用意するもの

- 9cm×9cm×高さ18cmの白い鉢　2個
- 観葉植物の土　1リットル

（写真はレチューザ・ミニキュービ〈ホワイト〉）

Idea
11

リビングに好きな香りのグリーンを持ち込み、居心地の良い、とっておきのマイスポットを作ってリラックス！

いつも座るカウチの脇に安らぐ香りが加われば、さらにリラックス。特にラベンダーは、ストレスでこわばった心身をリラックスさせ緊張をときほぐしてくれるので、お気に入りのくつろぎ場所に最適。太陽が好きなハーブは時々外に出して日光浴させてやれば、室内でも楽しめます。

使った植物

ラベンダー

春から初夏に花茎を伸ばし、先端に芳香のある小さな花を穂状に付ける。日当たりの良い場所で乾燥気味に育てる。

その他用意するもの

- 直径17cm×高さ14cmの円形の鉢カバー

（写真の鉢カバーはcocco〈ブルー〉）

作り方

1. 5号鉢のラベンダーをそのまま鉢カバーに入れる。

2. 葉が茂って風通しが悪くなると蒸れて下のほうの葉が黒く変色して枯れるので、枯れた葉はすく。

これがPoint！

水やりは、鉢カバーの底に水を4～5cm入れて鉢を浸し、数時間～1晩放置して残った水を捨てます。土が充分に水を吸う、正しい水やり方法です。

Idea
12

皆が集うスペースでピンクの蕾と純白な花からこぼれる香り。心を穏やかにし活力で満たすジャスミンの効果

この小さな一鉢で、ジャスミンの香りが信じられないほど部屋いっぱいに広がります。自然の作り出す香りの力強さに、リビングがプラスエネルギーでムンムン。四季折々、香りのある植物を積極的に取り入れて、リチャージしませんか。

使った植物

羽衣ジャスミン

ツル性常緑性で香りの良い花を春に付ける。日当たりを好み、0℃以上で育つ。表土が乾いたらたっぷりと水を与える。

その他用意するもの

- 9cm×9cm×高さ18cmの角形鉢
- 観葉植物の土　0.5リットル

（写真の鉢はレチューザ・ミニキュービ〈ホワイト〉）

作り方

1 蕾がたくさん付いていて開いている花が少ない苗を買ってきて植え替える。

2 とにかく丈夫。蕾さえ付いていれば半日陰でも花を開き、芳香をふりまく。

Idea
13

疲れを癒やす寝室。枕元には邪魔にならないサイズで、育てやすく柔らかなグリーンをシャーベット・トーンの鉢で

枕元には枯れにくく手をかけずに丈夫に育つグリーンを選びます。鉢の色は静かなシャーベットトーンのピーチを使い、ポトスは柔らかな新緑色の`ライム´を。明るい葉の色がもたらす安らぎと生命力の力強さとを感じます。朝の目覚めを優しく迎えてくれる一鉢です。

使った植物

ポトス`ライム´

初心者向けの植物の筆頭。耐陰性があるが柔らかな日差しを好む。水やりは表土が乾いてから。室内の乾燥期には葉水を。

その他用意するもの

・直径10cm×高さ13cmのピーチ色の鉢
・観葉植物の土　0.3リットル

（写真の鉢はレチューザ・ミニデルティーニ〈アプリコット〉）

作り方

1 植えたときにポリポット苗の茎元が鉢の縁の1cmほど下に収まるよう鉢の底に土を入れる。

2 ポリポットから苗を出し鉢に植え、空いている隙間に培養土を入れ、根が土となじむようしっかり押さえる。

Idea 14

しっとりとした
森のイメージのシダ類は、
柔らかな容姿で癒やすだけでなく、
空気清浄と加湿を寝室にもたらす

柔らかなタマシダの仲間ネフロレピス。見かけの優しさとは裏腹に、NASAの研究所ではシックハウス症候群の原因物質の一つ、ホルムアルデヒドを除去する効果No.1にランクされたエコグリーン。お肌を潤す加湿効果もあり、寝室には一押しのグリーンです。

使った植物

ネフロレピス`ダッフィー´

初心者向けの植物のもう一つの筆頭。柔らかな日差しを好む。水やりは表土が乾いてから。室内の乾燥期には葉水を。

その他用意するもの

- 21cm×21cm×高さ20cmの四角い鉢
- 観葉植物の土　5リットル

(写真の鉢はレチューザ・クアドロ〈ブラック〉)

作り方

1 植えたときに苗の茎元が鉢の縁の1cmほど下に収まるよう鉢の底に培養土を入れる。

2 入っていた鉢から苗を出し四角い鉢に植え、空いている隙間に土を入れ、根が土となじむようしっかり押さえる。

Idea
15

浴槽脇にグリーンを飾ると バスタイムが楽しくなる。窓がない浴室や化粧室には日陰に強い植物を置くとよい

一年を通して暖かく、明るければ高温多湿を好む蘭なども置けますが、浴室や化粧室はなかなか窓を大きく取れないのが現実。ですから基本は日陰に強いグリーンを選びます。色のないミラーガラスの鉢カバーにバリエーションをつけた爽やかな緑が、疲れを癒やします。

使った植物

シュガーバイン

窓辺などの明るい場所が適し育てやすい。5枚の葉が花のように広がる。表土が乾いたら水やりを。

オリヅルラン

空気清浄効果が強く太い根の中に水分を蓄え乾燥に強い。耐陰性も強いが、柔らかな光の当たるところが理想。

その他用意するもの

- 12cm×12cm×高さ12cmのミラーガラスのキューブ形の鉢カバー　3個

作り方

1 3号鉢の苗をそのままスルリと鉢カバーに入れて。

2 時々柔らかな日差しの窓辺に置いていたわります。

※シュガーバインとオリヅルランは、手のかからない植物の代表格でもあります。

Idea
16

季節感をとらえて、
豊かな香りをバスタイムに。
アロマセラピーの真骨頂。
芯から心と体がほぐれていきます

左ページのグリーンをしばし選手交代。特にアロマの王様といわれるジャスミンの香りは力強く、バスタブのお湯にも溶け込む勢いで、心と体を癒やします。今日の疲れがとれ明日の活力で満たされます。キャンドルが加われば、浴室がリゾートに早変わりです。

使った植物

羽衣ジャスミン

ツル性常緑で香りの良い花を春に付ける。日当たりを好み、0℃以上で育つ。表土が乾いたらたっぷりと水を与える。

その他用意するもの

- P36と同じミラーガラスのキューブ鉢

作り方

1 ジャスミンはポットごとミラーガラスの鉢カバーに入れる。

2 ジャスミンは太陽を好むので、昼間は太陽の下に移してやれば、元気を維持する。

3 鉢カバーの中に水が溜まらないように気をつけて、乾燥気味に管理。

Idea
17

日の光が入らない暗い環境でも生命力旺盛なグリーンの切り枝は水に挿せば根を張って頑張り長いこと楽しめます

壁紙にマッチする壁掛け式の花器に、切り花感覚でグリーンの茎をアレンジ。暗くてもグリーンは水根を出し、命を持続しようとします。もちろんグリーンの生長には光合成が必要なので一時的なアレンジですが、結構長いこと楽しめます。

使った植物

アイビー

強い直射日光に当てると葉が焼ける。耐陰性の強い植物で日陰でもよく育つが、日に当てたほうが葉の色つやがよい。

ポトス

アイビーと同じく、直射日光を避け、色つやのためには時々日光に当てる。

その他用意するもの

・壁掛け式の花器　1個

作り方

1 切ったポトスのツルを器に入れ、アイビーを下方に流れるように足す。

2 水が腐らないよう小まめに水を替えてやる。

Idea 18

小さな苔玉なら、どんな化粧室でも邪魔にならずにグリーンを楽しめる。のせるお皿次第でスタイルも自由自在

シンクの縁にちょこんとのっかりそうな小さな苔玉。中に入れたのは生命力旺盛なカランコエの切り枝。放っておいても根を生やすぐらい丈夫です。カラカラになったら夜寝る前にシンクに水を少し張り、苔玉の部分をつけ、朝取り出して水を切れば、また乾くまで万全。

使った植物

カランコエ

乾燥に強い多肉植物。葉に水がかかるのを嫌う。葉先から葉4枚の位置で茎を切り、水はけの良い土に挿せば根を出す。

その他用意するもの

- 直径5㎝の苔玉（既製品）
- 多肉植物用の土　0.2リットル

作り方

1 苔玉を水に浸し水分を含ませる。

2 培養土を苔玉の穴の底に少し入れてカランコエの挿し芽を入れ、隙間を培養土で埋める。

Idea 19

清潔感のあるすがすがしい白のトリオ。冷たい印象になりがちな白を、葉の模様がうまくまとめて一つのアレンジに

3品ってよくまとるのです。化粧台で使うアイテム2つと白の鉢。グリーンが無理なく化粧室の仲間入りをしてなじみます。白は清潔ですが冷たくなりすぎないよう、葉模様が面白いレックスベゴニアで緩和しました。花より葉が重宝されるベゴニアがよく合います。

使った植物

レックスベゴニア

柔らかい光で風通しを良くして育てる。強い日差しに当てると葉焼けする。水やりは表土が乾いてからたっぷりと。

その他用意するもの

- 直径10cm×高さ13cmの鉢
- 多肉植物用の土

（写真の鉢はレチューザ・ミニデルティーニ〈ホワイト〉）

作り方

1 根元が鉢の縁から1cmほど下がるように鉢底に土を入れ、ベゴニアを植える。

2 隙間に土を足して、根が落ち着くようしっかり押さえる。

これがPoint!

ベゴニアは蒸れに弱いので、葉が茶色く枯れてしまったら取り除く。一部分だけ茶色くなった場合は、その部分だけ目立たないように葉の形にそって、ハサミなどで形良く切り取る。

Chapter 3

ベランダや玄関前の小スペースでできる簡単で差がつく寄せ植えアイディア10

マンションのベランダや玄関のドア前はお客様や道行く人の目に触れることもあり、花やグリーンの飾りがいのあるスペース。鉢からこぼれるように季節の花を咲かせ、センスの良いグリーンの寄せ植えがあるお宅を見ると、素敵な人が暮らしていることが伝わります。3章では庭がなくてもベランダや玄関まわりですぐやってみたくなるそんなおしゃれな鉢植えアイディアを紹介します。

初めてでもセンス良く決まる
寄せ植えの基本ルール

3

大きな鉢に自分で土から入れて何種類ものグリーンを植えていく「寄せ植え」は難しそうだし、面倒くさいと思って避けてしまっている人が多いですよね。でも実は、思っているより簡単な法則でセンス良く素敵に見える寄せ植え鉢が作れるのです。何をどこらへんにどうやって植えたら格好良く決まるのか、次の3つの法則を知っていれば迷いません。

1 最初は1鉢1種。あふれるようにたっぷりと植える。

寄せ植えの組み合わせに困ったら、同じ植物を使いましょう。ポイントは鉢いっぱいに植えること。増えて覆いかぶさるように鉢からこぼれる姿は鉢植えだからこその美しさ。庭の直植えではこの味は出せません。シンプルにもかかわらずエレガントに仕上がります。

2 次に1鉢2種。中央を高く周りを低く、あるいは後ろを高く前を低く。

左右に並べてしまうと仁王立ちになってセンス良く見えない植物が2種の鉢植え。ですから中央や後ろをツンと高く、周りや手前を低いグリーンで鉢と一体感が出るように植えます。上下のメリハリが出て流れが生まれ、なにか神々しさえ感じる、個性的で絶妙な1鉢になります。

3 1鉢3種以上は意識して高・中・低の差をつくる。

最後は1鉢に3種類のグリーンを植える方法。背の高いもの、中ぐらいのもの、低いものの3種を背の高い順に植えます。「3」は古今東西を問わず、バランスが良いといわれる数。3種類以上のグリーンを使うときは、高・中・低にグルーピングして同じように植えつけます。

初心者でも使いやすい鉢選びのコツ

初めての人に使いやすい鉢とは?

寄せ植えに初挑戦する人にとても使いやすいのが「底面灌水《ていめんかんすい》」というシステムを採用しているプランターや植木鉢。初心者の最大の難関である水やりを、自分では何も調整しなくても苦労なく乗り切れます。

底面灌水方式とは

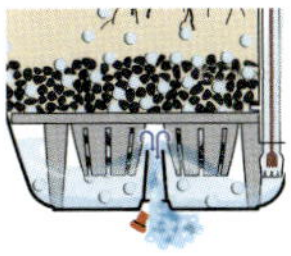

水を溜める容器が鉢内部の植物の根の下側にセットされている鉢のこと。鉢植えでありながら、根が地下から水を吸い上げるという自然に近い状態が作り出せるので、植物は必要なときに必要なだけ水を吸い上げることができ、健康に育ちます。

底面灌水鉢の優秀オススメブランド「レチューザ」

いくつか製品がある中、私は現在ほとんどの鉢植えにこのブランドの製品を使っています。色、スタイルが美しいだけでなく、さまざまな商品を試した結果もっとも使い勝手が良かったからです。

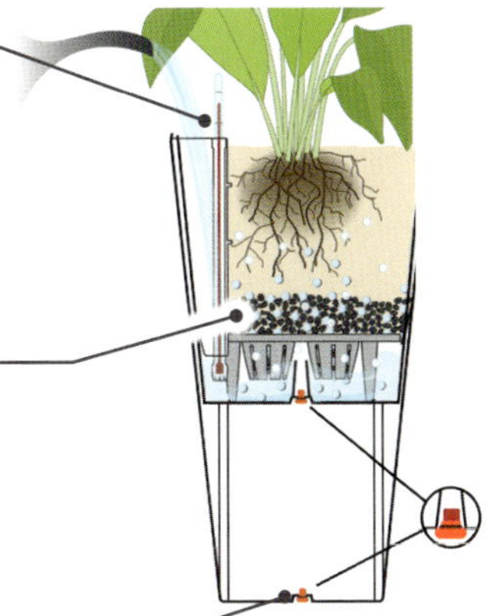

特徴1 水位計で鉢の水量が一目でわかる

底面灌水の場合、どのくらいの水が鉢中に残っているかがわからないのが悩みの種でした。レチューザの鉢には下部容器内の水量が外から一目でわかる水位計が付いています。

特徴2 根ぐされを防ぐクレイが付いている

従来の底面灌水鉢では鉢底に水を溜めるため、水分が抜けず根ぐされをおこすことがありました。この独自に開発されたクレイは土の粒子間の空気を通りやすくし、根を健康に育てます。

特徴3 底ネジの留め外しで室内外で使える

外鉢の下部と内側の水溜容器の底にそれぞれネジが付いていて、ここを締めれば水は一切漏れません。屋外使用で水を流したい場合はキャップをはずせば水は外に流れます。大きな鉢には専用のキャスターを付けてラクに動かせるので、P.73のように、今まで使えなかったようなスペースでの利用範囲が広がります。

Idea 1

「花もの」の1鉢1種植えは、花と鉢色の相性を楽しんで

大きい植木鉢に慣れていない人でも、同じ植物を群生のようにたくさん植える「1鉢1種」の鉢植えならすぐできます。その場合、ちょっとギュウギュウかもと思うくらい隙間なく植えるのがポイント。そして花の色を生かす鉢を選べば、素敵な寄せ植えのできあがりです。

青い花を目立たせるクリーム色の鉢。こんもり盛ることで花束のように見せる

ビオラをこんもり見せるには、中央を培養土で2cmほど高い緩やかな丘にします。四角い鉢のコーナーに1株ずつ植え、隙間を埋めていって丘の高いところに1株植えて仕上げます。

使った植物

ビオラ　3号苗　11株

開花時期が10月～翌6月と長く丈夫で育てやすい。日当たりを好むが耐陰性も強い。水やりは表土が乾いてから。

その他用意するもの

- 30cm×30cm×高さ56cmの鉢
- 培養土　15リットル

（写真の鉢はレチューザ・コラム30〈バニラ〉）

これがPoint!

同じ色のビオラが揃わなかったら店に取り寄せてもらいましょう。ビオラのように長く咲き続ける花には肥料が欠かせません。2週間に一度ほど、液肥を与えます。

太陽のように明るい花が灰色の冬を吹き飛ばす

どんより曇った灰色の冬でも、太陽のような花を次々に咲かせてグングン育つ。なんという力強さ、なんという華やかさ！

使った植物

ノースポール　3号苗　5株

開花期12月～翌6月の一年草。太陽を好み過湿は根ぐされの原因となるので乾燥気味に育てる。暑くなると急速に枯れる。

その他用意するもの

- 直径35cm×高さ30cmの鉢
- 培養土　17リットル

（写真の鉢はレチューザ・ラウンド35〈バニラ〉）

春から秋まで咲き続けしだれる姿が目を奪う

単品のほうが蒸れずに美しく育つペチュニア。雨に当たっても傷みにくいサフィニアやカリブラコアといった新種が便利で人気者。

使った植物

ペチュニア　3号苗　5株

日当たりを好み日照不足になると花つきが悪くなる。水やりは表土が乾いたらたっぷりと。長く咲かせるには2週間に1度の液肥を。

その他用意するもの

- 直径28cm×高さ26cmの鉢
- 培養土　9リットル

（写真の鉢はレチューザ・ラウンド28〈バイオレット〉）

Idea
2

グリーンの1鉢1種植えは どこにでも置けて癒やし効果満点。 葉の形状と個々の性質を楽しんで

インテリアグリーンの醍醐味は緑の葉のさまざまな形、手触り、シルエットを楽しむこと。柔らかく優しい葉をあふれ落ちるように大きな鉢で群生させた「1鉢植え」は、目で見ても手で触れても癒やし効果満点。自分の気持ちにピッタリくるグリーンを探してみましょう。

優しいシルエットの アジアンタムは 背の高い鉢に植えて 存在感を強調

インテリアショップやカフェなどでもよく見かけるポピュラーなグリーン。風水では「陰の気を吸ってくれる」と言われており、乾燥に気をつけ、霧吹きで葉水をして育てます。

使った植物

アジアンタム

カーテン越しの明るい場所が理想。乾燥した室内では霧吹きで葉水し表土が乾いたらたっぷりと水を。

その他用意するもの

- 直径28㎝の鉢
- 30㎝×30㎝×高さ56㎝の鉢カバー
- 観葉植物の土　9リットル

鉢いっぱいにあふれて
こぼれ落ちる。
これこそ1種の美のエッセンス

若葉色には新しい命を感じます。命の泉に心が休まり力をもらいます。ここではカーテンと同色の平鉢で緑を強調していますが、どんな器に入れても命あふれる美しさを楽しめます。

使った植物

ペペロミア`ジェミニ´

直射日光を避けた明るい場所で5℃以上で管理。水やりは土が乾いてから。

その他用意するもの

・直径18cm×高さ9cmの半球鉢（ハンギング用）
・観葉植物の土　1リットル

（写真の鉢はファイバーグラスのアーン）

こんもりと
丸く茂ってかわいさ満点!

密に茂り、苔のように柔らかでみずみずしいカーペットを作ります。名前は赤ちゃんの涙ほどの小さな葉に由来。

使った植物

ベビーティアーズ

高温多湿を好み、蒸れには弱いので風通しの良い場所に置き、土が乾ききる前に水をやる。

その他用意するもの

・21cm×21cm×高さ20cmの鉢
・観葉植物の土　1リットル

（写真の鉢はレチューザ・クアドロ21〈ブラック〉）

色もの鉢で
インテリアのアクセントに

深い緑の5枚葉がかわいいツル性植物。黄色の鉢とのコンビネーションが鮮やか。コーナーを明るく照らします。

使った植物

シュガーバイン

明るい所を好むが耐陰性もあるので室内外どこでも生育可能。病虫害がなく、育てやすい。

その他用意するもの

・9cm×9cm×高さ18cmの鉢
・観葉植物の土　0.2リットル

（写真の鉢はレチューザ・ミニキュービ〈イエロー〉）

Idea
3

1鉢2種の寄せ植えはカップルの相性。似た者同士でも性格が真反対でも、互いを生かせるかどうかで良さが決まる

2つ横に並んだグリーンは仲良しでも面白みがありません。2つ1組で個性ある味を出すには、高さを変えます。後ろを高く前を低く、または中心を高く周りを低く。これで1組のまとまりが生まれます。あとは自由自在。色々なコンビネーションを試してみましょう。

姿形が正反対。葉と葉の強いコントラストで見せる

中心または後ろに位置する観葉植物は皮状の深緑の大きな葉。この大黒柱の周りを柔らかでデリケートな細かい葉が舞います。双方ともに半日陰が好きで結ばれたカップルです。

使った植物

グローカル

耐陰性があり蛍光灯の光でも育つ。表土が乾いたらたっぷり水を与える。風通しを良くし霧吹きで葉水する。

アジアンタム

カーテン越しの明るい場所が理想。乾燥した室内では霧吹きで葉水し、表土が乾いたらたっぷりと水を。

その他用意するもの

- 30cm×30cm×高さ56cmの鉢
- 観葉植物の土　15リットル

（写真の鉢はレチューザ・コテージ30〈モカ〉）

花と葉のコンビネーションはともに太陽と乾燥が好き

同じ鉢で育てるのに相性抜群の組み合わせです。ゼラニュームの中でも真紅の花を付ける`カリオペ´。深緑の葉に白の斑入りのアイビーが対照的。

使った植物

ゼラニューム`カリオペ´

耐暑性に優れ夏でも花を咲かせ続ける。表土が乾いたらたっぷりと水を。開花時には2週間に1度の液肥を。

アイビー

斑入りのものは日が当たると葉の色つやが良くなるが真夏は直射日光を避ける。表土が乾いてから水やりを。

その他用意するもの

- 直径35cm×高さ35cm（底直径23cm）の鉢
- 培養土　20リットル

（写真の鉢はテラコッタ）

白い花×白い花の組み合わせ 花の大きさで変化をつけて

マーガレットは倒れないように高さ15cmでキープ。アリッサムは鉢を這うようにたらしましょう。

使った植物

マーガレット

日当たりを好むが、高温多湿には弱いので、夏は風通しの良い明るい日陰で育てる。

アリッサム

細かな花を密につけて、カーペット状に広がる。白の他に、赤、紫やピンクなどパステルカラーもある。

その他用意するもの

- 直径35cm×高さ35cmの鉢
- 培養土　20リットル

（写真の鉢はトスカーナテラコッタ〝サイクレード・リガート35〟）

色と姿の美しい
常緑葉を後ろに植え
冬から春は
ビオラで豪華仕上げ

ピンと立ったニューサイラン`レインボー´。前に植わる植物を支えます。夏はインパチャンスでもペチュニアでも、ミニバラだってウェルカム。花の色は濃いめがいいですね。

使った植物

ニューサイラン `レインボー´

ニュージーランド原産の常緑多年草。乾燥に強く丈夫だが過湿に弱い。水やりは表土が乾いてから。

ビオラ

開花時期が10月～翌6月と長く丈夫で育てやすい。日当たりを好む。水やりは表土が乾いてから。

その他用意するもの

・直径35㎝×高さ35㎝の鉢
・培養土　17リットル

(写真の鉢はレチューザ・ラウンド35〈ナツメグ〉)

Idea
4

高さを変えるのは1鉢2種の共通の法則。そのうち1種は一年を通じて楽しめる多年草で常住させ、もう1種を季節で植え替える。労力半減、楽しみ倍増!

一年を通じて楽しめる多年草は花が咲いても地味で一時期的。でも常緑の葉は残ります。片や華やかさを振りまく一年草の花は、長く花が楽しめるものがありますが、それでも時期が終われば消えてなくなります。その両方の良さをうまく生かす1鉢2種の方法です。

紫色のヒューケラを軸に 季節の花で バリエーションを

真冬はちょっと元気をなくすヒューケラも多年草。美しい葉の色と模様を誇ります。周りの季節の花は中央に紫、両側に明るい色の2種のビオラ。

使った植物

ヒューケラ`ベルベットナイト´

花も咲くが主として美しいカラーリーフを楽しむ。日当たりを好むが耐陰性もあり育てやすい。

ビオラ

開花時期が10月～翌6月と長く丈夫で育てやすい。日当たりを好むが耐陰性もある。

その他用意するもの

- 直径30㎝×高さ56㎝の鉢
- 培養土　15リットル

（写真の鉢はレチューザ・シリンドロ32〈ブラック〉廃番）

黄色の葉を保つヒューケラと 風知草の葉と葉の組み合わせ

鮮やかな黄色とシャープなストライプ、花がなくとも葉だけでこんなに目につく組み合わせ。風知草の黄色に合わせたヒューケラが、暗いコーナーも照らします。

使った植物

風知草

半日陰を好む宿根草。葉は枯れるが根は残って翌年また葉を伸ばす。`ハコネクロア´と呼ばれ欧米でも大人気。

ヒューケラ `キャラメル´

鮮やかな黄色のリーフが美しい。耐陰性もあり、特に陰ではよく目立つ。用土が乾いたらたっぷりと水を与える。

その他用意するもの

- 直径30㎝×高さ50㎝の筒形の陶器鉢
- 培養土　15リットル

Idea
5

初心者には手出しが難しそうに感じてしまう「1鉢3種」の寄せ植えでも小さい鉢から始めればラク

3種類の植物はちょっと難しそうで……、と躊躇したら、まずは小さなプランターで試してみましょう。植え込むスペースが限られているので、思うより簡単に作れます。思うより馴れろ、です。そして小さなアレンジは室内どこにでも置けて、楽しめます。

直径14㎝の鉢とは思えない力強さと大胆なシルエットが持ち味

後ろ中央に入れたパープルのドラセナが存在感を作ります。小さな緑の葉&紫と銀色の縞の葉がチームで背の低いたれ下がり役を果たします。間に中ぐらいの高さのプテリスを足して。

使った植物

ドラセナ`パープルコンパクタ´
耐陰性はあるが明るい場所で10℃以上が理想。水やりは表土が乾いたらたっぷりと。

プテリス
直射日光を避け5℃以上で管理。湿度を好む。極端な水切れに注意。

ワイヤープランツ&トラディスカンティア
ともに病害虫に強く丈夫でよく伸びる。伸びすぎたら切り戻す。

その他用意するもの

・直径14㎝×高さ18㎝の鉢
・培養土　0.5リットル
（写真の鉢はレチューザ・ミニデルティーニ〈ホワイト〉）

縦線としだれ植物の間に 主役のミニバラ。 花色に合わせた鉢で印象的に

ミニバラが目立ちます。お客さまが来る日など食卓や居間のコーヒーテーブルに置いても華やかなアレンジ。

使った植物

ドラセナコンシンネ`レインボウ´

耐陰性はあるが明るい場所で10℃以上が理想。水やりは表土が乾いたらたっぷりと。

ミニバラ

明るいところで管理。見かけよりタフなバラ。水やりは表土が乾いたらたっぷりと。

ペペロミア`イザベラ´

直射日光を避けた明るい場所で5℃以上で管理。水やりは土が乾いてから。

その他用意するもの

・直径14cm×高さ18cmの鉢

（写真の鉢はレチューザ・ミニデルティーニ〈スカーレット〉）

耐陰性のある3種類の葉。 ピンクをアクセントにして

リビングのコーヒーテーブルに置くと爽やかです。明るい緑とピンクの葉。そして穴のあいたマドカズラが話題になりそう。

使った植物

マドカズラ

耐陰性はあるが明るい場所で10℃以上が理想。水やりは表土が乾いてから。葉水を喜ぶ。

シンゴニューム`ライム´と`ネオン´

耐陰性はあるが明るい場所で5℃以上が理想。水やりは表土が乾いてから。葉水を喜ぶ。

ペペロミア`ジェミニ´

直射日光を避けた明るい場所で5℃以上で管理。水やりは土が乾いてから。

その他用意するもの

・直径14cm×高さ18cmの鉢

（写真の鉢はレチューザ・ミニデルティーニ〈ホワイト〉）

Idea 6

1鉢3種の寄せ植えは高さの違う植物で。①背の高いもの、②中くらい、③背の低いたれ下がるタイプを合わせて作るとうまくいく

大きな鉢は一見取っ付きにくいだけで、作り方においては小さな鉢と何ら変わりはありません。どれだけの植物が入るかわからないときは、植物のほうを少し多めに用意しておけばよいのです。大きなアレンジができあがると、満足感もひとしおです。

色も形も感触も、3者それぞれ。〝オール花〟で組み合わせた春の祭典

春を待ちわびていた1鉢は、後ろにブルーのデルフィニウム、真ん中にピンクと白のバーベナ、一番前には香りが嬉しい羽衣ジャスミン。申しわけ程度にアイビーの緑を足して。

使った植物

デルフィニウム

日当たりと風通しが良く、水はけの良い場所で育てる。暑さに弱く夏は越さない。表土が乾いたらたっぷりの水を。

バーベナ

日当たりの良い場所で育てる。花期が長いので肥料切れしないように。表土が充分乾いてから水を与える。

羽衣ジャスミン

ツル性常緑で香りの良い花を春に付ける。日当たりを好み、0℃以上で育つ。表土が乾いたらたっぷりと水を与える。

その他用意するもの

- 直径40㎝×高さ31㎝の鉢
- 培養土　20ℓ

（写真の鉢はトスカーナテラコッタ〝コルフーペルレ40〟）

シンプル&シックな1鉢は 花か葉ものを目立たせて

エキゾチックな模様の大葉をはさんで、静かな紫と薄桃色の花でまとめ上げます。

使った植物

ブルーサルビア

ラベンダーに似た青紫のサルビア。日の当たるところで育て、表土が乾いたら水を与える。

ヒューケラ`ベルベットナイト´

花も咲くが主として美しいカラーリーフを楽しむ。日当たりを好むが耐陰性もあり育てやすい。

インパチャンス

日当たりの良い場所を好むが耐陰性がある。水やりは表土が乾いてきたらたっぷりと。強い乾燥は苦手。

その他用意するもの

・直径35cm×高さ35cm（底直径23cm）の鉢

（写真の鉢はトスカーナテラコッタ〝サイクレード・リガート35″）

葉と花、和と洋の組み合わせ。和蘭を中心に展開させて

トクサと和蘭を背に、中心で白のユーフォルビアと和蘭の葉が豊かに翼を広げ、アスパラガスがたれます。

使った植物

トクサ

日本庭園の下草として植えられたり、草もの盆栽としても利用される。

和蘭`村雨´

東洋蘭と洋蘭の交配で作りだされた新しい蘭。日本の風土に合い育てやすく庭植えでも楽しめる。

ユーフォルビア`ダイアモンドフィズ´

脇役として便利。茎や葉の切り口から出る白い液に触れるとかぶれることがあるので注意。

アスパラガス・スプレンゲリー

明るい場所で乾燥気味に育てる。水は表土が乾いてから与える。

その他用意するもの

・30cm×30cm×高さ56cmの黒い鉢

（写真の鉢はレチューザ・キュービコ30〈ブラック〉）

Idea 7

球根の「タイムカプセル効果」で 1鉢1種→1鉢2種の変化を楽しむ

ビオラのように「花期の長い植物」で秋冬の鉢を作るときに、チューリップや春球根を土中に仕込めば、春先にはまったく違うシルエットの鉢に変わります。早咲き、遅咲き、色々試してみましょう。植わっている花とマッチする花色の球根を選んでください。

ビオラ（→P44参照）の寄せ植えは10月から翌6月まで次々と花を咲かせて楽しませてくれます。でもさらに欲張って、秋にビオラを植えるとき、その下にチューリップの球根を忍ばせておくと……。

冬に仕込んでおけば、秋冬にはビオラ1種なのに春にはチューリップとの共演が楽しめる

翌春、忘れた頃にチューリップが頭をもたげ、咲き続けるビオラの上に伸びて花を咲かせ、鮮やかな共演を披露してくれます。

ムスカリの青と ビオラの黄が春らしい。 球根の種類を替えれば、 別なコーディネイトで応用可能！

小さな鉢にはムスカリがぴったり。まっすぐに伸びる細い茎先のブドウ状の花と、フリルのビオラのコンビは色と形のコントラストで見せ場をつくります。

使った植物

ムスカリ

毎春必ず顔をだす律義者。白もありますが自然界に数少ない青の花が爽やか。

ビオラ

写真で使ったビオラはミルフィーユという名で、黄色と茶色の混合色の花弁を持つ可憐な姿が独特。

その他用意するもの

- 21㎝×21㎝×高さ20㎝の鉢
- 培養土　1リットル

（写真の鉢はレチューザ・クアドロ21〈ブラック〉）

作り方

1 鉢の縁から10㎝ほど下まで培養土を入れ均等に球根を並べて植えます。そのとき、球根を同じ向きで置くと、出たときに葉の向きが揃います。

2 球根が隠れるほどの培養土をかぶせ、その上にビオラの苗を植えます。空いた隙間には土を足して、しっかりと植え込みます。

使った植物

ビオラ　7株

ビオラはとにかく優れもの。これといった病気にかからず、10月から翌6月まで次々と花を咲かせて楽しませてくれます。左ページ右の写真はブルーフリルと白のビオラの組み合わせ。

チューリップ　球根12個

右上の写真の花はモンテオレンジ、左ページはスプリング・グリーン。チューリップは3月の終わりに頭をもたげ、4月には蕾が色付き花開きます。

紫とオレンジの 組み合わせが華やか

その他用意するもの

- 直径28㎝×高さ26㎝の鉢
- 培養土　9リットル

（写真の鉢はレチューザ・ラウンド28〈ストーングレー〉）

Idea 8

大きめのプランターに 小型鉢を仕込んで 鉢ごと差し替えれば ラクにガラリと雰囲気を変えられる

下草のベースを作っておけば舞台はそのままで、出演者が時々入れ替わる寄せ植えを作ることができます。クリスマス気分を盛り上げてくれるポインセチアは、日中はベランダで豪華な寄せ植えとして楽しみますが、10℃より下がると枯れてしまうので、夜は室内に移して。

冬の間、葉を落とし 空いてしまったスペースに、 元気な鉢花を差し込めば 何通りにも楽しめる

クリスマス仕様

寄せ植えの鉢で葉を落としたバラの空きスペースを利用して、5号鉢のポインセチアを入れました。

クリスマス後

ポインセチア鉢をピンクのミニバラ鉢に替えました。本体の寄せ植えに合わせて、水仙でもチューリップの鉢でも、園芸店にある鉢をそのまま使えます。

使った植物

ポインセチアの5号鉢、ミニバラの5号鉢

その他用意するもの

- 直径43cm×高さ40cmの鉢

（写真の鉢はレチューザ・ラウンド43）

丈夫な常緑のセダムを下草に主役のミニバラが咲かない時期をペチュニアやプリムラの花で楽しむ

下草に使っているセダムは乾燥に強く、ケアはトリミングくらいのものなので初心者にも扱いやすく、手軽に苔のような下草を作れます。ミニバラの花が咲かない時期は一年草の1株をプラスすると華やかさを保てます。

使た植物

セダム

日当たりの良いベランダやデッキには、常緑のセダムはオススメ。乾燥に強く、ケアはトリミングくらいでOK。

ミニバラ

特に野バラに近いツル性は良く育つ。日の当たる場所で育て生育期には液肥を月に2回与える。肥料切れに注意。

プリムラ

日に当てれば次々と蕾を付けるが、咲いている花の陰になっていると蕾は咲かないでしおれるので花は早めに摘む。

ペチュニア

花の大きさや色が豊富で新種が次々と出回る。日なたで長雨に打たれない場所で育てる。春から秋まで咲き続ける。

その他用意するもの

・35cm×35cm×高さ30cmの鉢

（写真の鉢はセラルンガ・カビン30〈ブラック〉）

作り方

1 入れ込むポット苗の大きさ（ここでは直径9cm×深さ8cm）に合わせてナイフやスコップ（スプーン）などを使って穴をくりぬく。

2 ポット苗を鉢ごと穴に入れる。沈むなら底に土を足し、見栄え良く少し高めに植え付ける。周りに隙間があれば土を入れ押さえる。

3 季節の植物を替えるときは、終わったポット苗を抜き、2の要領で次の植物に差し替える。

これがPoint!

ポット苗のような小さな容器に入ったグリーンは根が混んでしまうと花が衰える。花が衰えたら根を整理するか、新しいポット苗と替える。

Idea
9

玄関はその家の顔。スペースに合わせて1鉢縦長の寄せ植えをドンと置いて印象付けよう

30cm角のスペースがあれば当然直径30cmの鉢が入り、それを背の高い鉢にすればお客さまに印象づける大きなアレンジが作れます。横に広げず空に向かってさらに背高にアレンジしましょう。存在感あふれる寄せ植えになります。それに1鉢だけの水やりなら苦になりません。

どんな印象を与えたいかで鉢を選び、それに合うアレンジを背高に作る

玄関の扉の色に合わせたダイヤモンドカットのチャコールグレーの鉢。50cm弱の角スペースに最大直径40cmの縦長鉢は軽々入り、植物の「高さ」で更なるインパクトを作ります。

使った植物

ニューサイラン

ニュージーランド原産の常緑多年草。乾燥に強く丈夫。過湿に弱い。水やりは用土が乾いてから。

ブルーサルビア

日の当たるところで育て、土が乾いたら水を与える。

ヒューケラ

花も咲くが主として美しいカラーリーフを楽しむ。日当たりを好むが耐陰性もあり育てやすい。

その他用意するもの

- 直径40cm×高さ75cm（底直径28cm）の鉢

（写真の鉢はレチューザ・ディアマンテ40〈チャコール〉）

初夏のブルーサルビアを
秋にはキクに差し替える

和の玄関はシンプルな 1鉢1種の 美しさが際立つ

極限まで余分を除いたシンプルで美しいラインの白鉢を選び、中にバラを入れました。双方洋ものですが、一輪挿しのような風情で和風住宅の玄関に良く合っていてなじみます。

使った植物

バラ `ミッドナイトブルー´

珍しい花色の四季咲きで耐病性のあるブッシュ型。初心者にも育てやすい。日焼けを起こすこともあるので開花時は半日陰で育てる。

その他用意するもの

・直径30㎝×高さ56㎝の鉢

（写真の鉢はレチューザ・デルタ〈ホワイト〉）

ニューヨークのアパートでも 狭い玄関前には縦長鉢が使われている

ブラウンストーンのアパートの前。フェンスギリギリに縦長鉢の1種植え。

扉の開くスペースしかない場所ではアーン形の鉢を階段に置いて。

寒いマンハッタンの冬を「彩る」針葉樹を抱えた自慢の鉢。

奥行き45cmの
ガレージ脇の
デッドスペースが
季節の花を
飾ったエントランスに

細長いスペースは地面ギリギリに花を置いても目立ちません。ここも縦長鉢が役立ちます。植え込みも直径24cm以内に限られるので花壇よりずっとラク。

使った植物

パープルファウンテングラス、葉鶏頭、コリウス、キキョウ、黄花コスモス、リシマキア

背の高いもの、中くらい、背の低いたれるタイプの3つに分けて植え、さらに高さを出すために白い柳の枝を使ってあります。

その他用意するもの

- 直径34cm×高さ90cm（底直径24cm）の鉢　3個

（写真の鉢はセラルンガ・ニューポットハイ〈ブラック〉）

Idea 10

プランターや幅広の鉢を
置けない狭小空間に
縦長鉢をリフレインして
洗練された華やぎを作る

底直径24cmの鉢はコンパクトにデッドスペースに置ける仕様でありながら、90cmの高さがインパクトを作ります。その細鉢を3つ並べれば玄関口に誘導する贅沢なアプローチのできあがり。四季を感じるアレンジに、道行く人もしばし足を休めます。

クリスマスシーズンには
枝を使ってライトアップ

Chapter 4

グリーンと暮らす部屋 インテリア実例 3

3章までで、マンション暮らしで庭がなくても、小さなベランダや部屋の中で誰でもすぐ採り入れられるグリーンの飾り方アイディアを見てきました。それでは実際のお宅でそのアイディアを採り入れて施行した実例を紹介します。3軒それぞれのお宅の個性に合わせた応用編です。

Case 1

グリーンと雑貨で アートな雰囲気を うまく作っている部屋

テラスはあるけれども直射日光があまり届かない1階の部屋に、日陰に強いグリーンを旅先で求めたという雑貨や趣味のアートと飾って、居心地の良い空間に仕上げました。玄関を入ってリビングへのアプローチで、このお宅の暮らしのスタイルが伝わってきます。

東京都目黒区・2LDKのマンションの1階に住むS夫妻。
夫婦と子供1人の3人暮らし。

Idea1 》 玄関

背の高いグリーンとライトで 縦長の目線をつくり 空間をスッキリ見せる

廊下突き当たりの天井まで届きそうな縦長シルエットのライトの隣には、やはり縦長シルエットのサボテン姿の大雲閣。多肉植物は手間がかからず、置くだけでワイルドな雰囲気を作り出せます。

使った植物

大雲閣

サボテンにも似た多肉植物`大雲閣´。明るい場所で乾燥気味に管理。切り口から出る白い液に触れるとかぶれるので注意。

その他使ったもの

- 22cm×22cm×高さ41cmの白い角形鉢
- 多肉植物の土　6リットル

（写真の鉢はレチューザ・キュービコ22〈ホワイト〉）

玄関からリビングまでのアプローチは、マンションの場合、日が入らない廊下であることがほとんど。お客さまがいちばん最初にそのお宅のライフスタイルや雰囲気を感じ取る場所でもあります。日陰でも大丈夫なセンスの良いグリーンを飾って、居心地の良さを感じてもらいたいですね。

Idea2 》 玄関

シンプルな鉢と旅の雑貨を洗練されたインテリアに見せる

玄関を入って真っすぐに延びる廊下。壁にはパステル画が掛かり、物入れの上にはアフリカ旅行土産の動物の置物や写真などが並んで、画廊のようになっています。その雰囲気に合わせてサバンナの緑を思わせるグリーンを選びました。

使った植物

セラギネラ

日陰に強いイワヒバ科のセラギネラを真っ青な鉢カバーに入れて。

その他使ったもの

- 直径12㎝×高さ10㎝の濃いブルーの鉢カバー　3個

（写真の鉢はCOCCO〈ブルー〉）

Idea3 》リビング

高低を生かした
インパクトのある寄せ植えで
ポイントを作る

メインのグリーンは2年ものの大きなアジアンタム。横幅に合う高さをヤナギの枝で演出しています。鉢は落ち着いたグレーベージュ。別売り備品のキャスターを付ければ、移動がラクです。

使った植物

アジアンタム

カーテン越しに明るい場所が理想。霧吹きで葉水し表土が乾いたらたっぷりと水を。

コルジリネ〝アイチアカ〟

直射日光を避けて室内の明るい場所が理想。乾燥するとハダニが付きやすいので葉水を。

ヤナギ

花屋さんにある柳の枝。生でもドライでも。生を挿しておくと、根を生やし葉を出す。

その他用意するもの

- 30㎝×30㎝×高さ56㎝のグレーベージュの角形鉢　1個
- 観葉植物の土　14リットル

（写真はレチューザ・キュービコ30〈グレーベージュ〉）

Idea4 》リビング

ガラステーブル越しに見える
ミニバラで癒やし効果を狙う

ソファのエンドテーブルでは、くつろぎの一時に、しだれミニバラが色を添え豊かな気分にしてくれます。黒の鉢を、同じピンクの薔薇模様のお皿にのせてもう一段豪華になりました。

使った植物

ミニバラ

ミニバラは見かけによらずタフです。時々外に出して太陽に当ててやれば、長いこと花を咲かせます。

その他使ったもの

- 9㎝×9㎝×高さ18㎝の角形鉢
- 観葉植物の土　0.5リットル

（写真はレチューザ・ミニキュービ〈ブラック〉）

リビングにちょっとしたグリーンがあると、なかったときとは大違い。驚くほどくつろぎの空間として機能します。けれど、手間のかかるものや小さいものがたくさんあると世話がたいへん。それがストレスになっては元も子もないので、①あまり水を必要としないもの、②比較的大きな鉢をドンとポイント的に置く、という2点が生かされています。

Idea5 》リビング

小さなスペースには あまり水やりの必要のない植物を

ちょっとしたスペースにグリーンがあると、部屋の空気が和みます。あまり水やりのいらない乾燥に強い植物を、負担にならずリラックスできる数に抑えて置いています。

使った植物

上：アイビー&シュガーバイン

プラスチックの整理箱にポット苗のまま入れて。水やりは箱に水を入れて一晩おき、翌朝残った水を捨てる。葉が少ししなしなになったら、次の水やり時。

左下：多肉植物 `愛染錦´

買ったときのポットのままガラス器に。これもガラス器に水を入れて、余った水を捨てる。

右下：ドラセナ&ピレア `ムーンバレー´

背の高い明るい色のドラセナと赤い線が3本入る縮れ葉のピレアをシックな鉢に入れて。

Idea6 》リビング

包装紙のセンターとお揃いの紙で ラッピングしたミニグリーンは そのままお客様への手みやげに

P.20でも詳しく紹介しているラッピングペーパーのワザはこのお宅でひらめいたアイディア。遊びに来たお嬢さんのお友達に、帰りがけ持たせてあげられる、気軽なプレゼントになります。

使った植物 ▶P20参照

カランコエ `クィーンローズ・パリ´

その他使ったもの

- 包装紙 50×75㎝
- リボン　210㎝

Idea7 》 テラス

奥行きの少ないテラスは 強い縦線をリピートすることで 存在感と幅の広さを感じさせる

直射日光はあまり届かないので、日陰に強い植物で寄せ植えをしてあります。室内からもしっかりと見て取れる、ハッキリした色と形の組み合わせが、白のタイルとふんだんに使った緑によっていっそう際立ちました。

使った植物

コルジリネ、カラーリリー、インパチャンス、ギボウシ

日陰で育つ植物は思うより多いもの。真夏の強い太陽で日焼けすることもなく花も長持ちします。水やりも少なくてすみ、植物さえ合わせれば半日陰は育てやすい場所です。

その他使ったもの

- 22㎝×60㎝×高さ22㎝のファイバーグラス鉢　3個

アートな雰囲気でまとめる グリーンインテリア実例のコツ

1
雑貨と鉢物で廊下をギャラリーのように使う

2
光が入らない場所は耐陰性のグリーンを選ぶ

3
縦の目線を強調して空間をスッキリ見せる

4
手入れのたいへんな小さい鉢を増やさない

5
テラスは植物をリピートして、広く見せる

Case 2

どこにでもあるグリーンを使って シンプル&ナチュラルにまとめた部屋

ベランダは日当たりは良いものの奥行きはわずか120cm。しかも物干しや空調の室外機などもあって狭いのですが、可動式の鉢などを使ってデッドスペースを埋め、花でいっぱいにしました。また、室内はアンティークの家具と合わせてシンプルにまとめています。

東京都世田谷区・2LDKのマンションの1階に住むS夫妻。夫婦と子供2人の4人暮らし。

Idea1 》リビング

ミラーガラスの鉢カバーで さわやかなグリーンを強調

窓辺にはミラーガラスの鉢カバーを使い、アジアンタムとオリヅルランで、シンプルに爽やかな緑を引き出しました。鉢カバーが部屋のアクセントになっています。

使った植物

アジアンタム

カーテン越しの明るい場所が理想。乾燥した室内では霧吹きで葉水し表土が乾いたらたっぷりと水を。

オリヅルラン

空気清浄効果が強く太い根の中に水分を蓄え乾燥に強い。耐陰性も強いが、柔らかな光の当たるところが理想。

その他使ったもの

- 12cm×12cm×高さ12cmのミラーガラスの鉢カバー　3個

Idea2 》リビング

アンティークのテーブルと相性が良いのは
アイビーやシュガーバインなどのツル性植物

英国製アンティークテーブルの上にはシュガーバインとアイビーのグリーンをブルーダニューブのスープチュリーンからこぼれる風情であしらっています。

使った植物

アイビー　2株

強い直射日光に当てると葉が焼ける。耐陰性の強い植物で日陰でもよく育つが、日に当てたほうが葉の色つやがよい。

シュガーバイン　2株

窓辺などの明るい場所が育てやすい。5枚の葉が花のように広がる。表土が乾いたら水やりを。

その他使ったもの

- 25cm×18cm×高さ10cmの楕円形の器を鉢カバーとして使う。

Idea3 》リビング

室内がグリーンばかりで
単調になってしまわないように、
1鉢イエロー×ブルーの色を置く

さんさんと日が注ぐベランダは花でいっぱいなので、室内は手の掛からないグリーンでシンプルに。ただ、真っ青な鉢に入った黄色のオンシジウムで唯一の色を加えました。

使った植物

オンシジウム

ポイントは日差しと風通し。夏はカーテン越しの日当たりに、それ以外は一年を通して充分に日光に当てる。冬の最低気温は10℃以上に。

その他使ったもの

- 17cm×17cm×高さ14cmの鉢カバー

（写真の鉢はCOCCO〈ブルー〉）

こちらのお宅は、室内は家具に合わせて、インテリアショップや園芸店で手に入りやすいシンプルなグリーンを中心に飾ったので、ベランダは野生の野原や花畑を思わせる花をいっぱいにしてナチュラルテイストに仕上げました。このコントラストが驚きと新鮮さをもたらし、いつまでも飽きないグリーンライフを送るコツになるのです。

Idea4 》ベランダ

120㎝と奥行きの狭いベランダでも 鉢の置き方次第で 逆に広さを感じさせるコツがあった

最初は狭いから何も置けないと思っていたというベランダ。見回してみると使っていないスペースって結構あるものです。出入りしないサイドのガラスドア、物干しざおの前、室外機の上。角のスペースに縦長の鉢を置いても、通るのになんの邪魔にもなりません。使っていなかったデッドスペースをトコトン利用して鉢を置いたら、今までよりもかえって広く感じるほど。緑の公園を眼下に見下ろす贅沢な坪庭風ベランダになりました。

コーナースペースには目を引く真っ赤な幹でアクセントをつける

コーナースペースには、真っ赤な幹のモミジ`サンゴカク´が。美しい幹だけでなく、春には新緑を、秋にはオレンジ色の紅葉を提供して一年中ベランダのすみから目を楽しませてくれます。

使った植物

モミジ`サンゴカク´、カスミソウ

その他使ったもの

・30cm×30cm×56cmの角形鉢

(写真はレチューザ・コッテージ30〈モカ〉)

室外機の上は太陽が大好きなハーブ類

太陽の光をたっぷり浴びて、室外機の上でハーブとレタスとエディブルフラワーの〝野菜畑〟が育ちます。このままキッチンに持って行ったり、テーブルのセンターピースとして使ったりと、華やかで便利な一鉢です。

使った植物

イングリッシュラベンダー、レタス、ビオラ

その他使ったもの

・40cm×15cm×高さ15cmのコンテナ型鉢

(写真はレチューザ・ウィンドウシル〈ブラック〉)

開け閉めしないガラス窓の前には同色でサイズ違いの鉢を

出入りするのは片面のガラス窓だけなので、もう片方の前には同色の鉢を、サイズを違えて置いた「寄せ合いアレンジ」。季節の花がたっぷり植えられ、羽衣ジャスミンの花がこぼれて、初夏の香りが漂います。

使った植物

後ろ鉢／デルフィニウム、バーベナ、羽衣ジャスミン、アイビー
前鉢／ロベリア、サントリーナ

その他使ったもの

・直径35cm×高さ33cmの円形鉢1個
・直径28cm×高さ26cmの円形鉢1個

(写真はレチューザ・ラウンド35&28〈ストーングレイ〉)

物干しスペースはキャスター付きの鉢が便利

物干しざお前のスペースも使わなくてはもったいない。普段は鉢をさおの前に置いておき、洗濯物を干すときは、鉢をちょっとのけてさおを下ろします。花いっぱいの華やか色のプランターは、洗濯物を広間から隠す役目も果たしてくれます。

使った植物

ニューサイラン`ピンクストライプ´、ブルーサルビア、アルメリア、カリブラコア

その他使ったもの

・30cm×30cm×高さ56cmの角形鉢

(写真はレチューザ・コラム30〈ガーネット〉)

Idea5 》リビング

ジャスミンの香りは
ベランダだけでなく
室内でも楽しみたい

羽衣ジャスミンの鉢を室内に持ってくれば、甘い春の香りが部屋いっぱいに広がります。底面のネジで水はけを調節できる底面灌水タイプの鉢なら、ネジを締めれば室内を水で汚さずにそのまま中でも使えます。

使った植物

▶ P73参照

その他用意するもの

▶ P73参照

Idea6 》リビング

鴨《かも》居《い》など高い場所には、
落ちても安全な
軽くてしだれる
タイプがベスト

窓上の鴨居に置いたグリーンは、地震などで落ちて怪我をしないよう、ポット苗のままプラスチックの整理箱に入れてあります。水やりの頻度を少なくするため、乾燥に強い植物を使い、水やり時も整理箱ごと下ろせます。

使った植物

アイビー、シュガーバイン ▶ P71参照

その他用意するもの

- 28㎝×8.5㎝×高さ7㎝のプラスチック整理箱にポット苗をそのまま入れて

シンプル&ナチュラルな
グリーンインテリア実例のコツ

1
窓辺にはミラーガラスの鉢をいくつか並べて爽やかなグリーンを強調

2
テーブルの上はすぐに動かせる食器を使ったアレンジで楽しむ

3
単調にならないよう1ヵ所は華やかでビビッドな色を使う

4
デッドスペースを見直せばまだまだ花を飾る余地が見つかる

5
鉢の機能を利用し、室内外を行き来させればインテリアの幅が広がる

Case 3

インパクトのある グリーンインテリアで スッキリ広々見せている部屋

今まで全くグリーンと縁遠かったカップルが新生活にグリーンを取り入れたいと相談に来て1年。新芽に一喜一憂し、キッチンで自家製ハーブを使って料理を作り、コンクリートの高い壁が日差しを遮るベランダでも上手に花を育てて、グリーンライフを楽しんでいます。

東京都世田谷区・1LDKのマンションの4階に住むN夫妻。まだ新婚さんの2人暮らし。

Idea1 》リビング

お気に入りの大きなダイニングテーブルに映えるオードブル皿の多肉アレンジ

家具屋さんで一目惚れしたという艶やかなダイニングテーブル。このお宅のハイライトです。インパクトある家具に合うようグリーンのアレンジも個性的に。オードブルに使う細長い白の食器に多肉植物を盛りつけました。鏡のようなテーブル表面とリッチな色を更に強調します。このテーブルのおかげで、P.18で詳しく紹介したこの多肉植物の細長アレンジを思い付いたのです。

使った植物

▶ P19参照

こちらのお宅はハッキリした色使いや、目立つ家具など、インパクトの強いインテリアで個性的な部屋作りをしています。グリーンについても、面白い形の多肉の寄せ植えや、背の高い鉢を使ったり、あまり出回っていない植物を植えたり、野菜を大胆にリビングに飾るなど、他では見られないような面白い工夫をしました。

Idea2 》 玄関

背の高い72㎝鉢が狭い玄関のアクセントになって空間を広く見せる

玄関の扉を開けると、最初に目に飛び込んでくるのは壁の額と細身のスカーレット（深紅）の背の高い鉢。艶やかなラッカー塗りです。背の低い鉢では、足元がぶつかりやすいし、この存在感は生まれません。

使った植物

ディジゴセカ・エレガンティッシマ

グリーンは視界を遮らない細葉のディジゴセカ・エレガンティッシマ。その名の通りエレガントに透ける葉は、家の奥を丸見えにせず、同時にスペースを広く見せてくれます。

その他使ったもの

- 26㎝×26㎝×高さ72㎝の赤いラッカー塗りの角形鉢を鉢カバーとして

（写真の鉢カバーはPlus+collection/ダイアモンド〈スカーレット〉）

Idea3 》リビング

ケアがラクで長く花が咲く植物を切り花感覚でリビングのインテリアに

大人の新婚さんらしさを出している白と黒のペアの鉢に色違いの花を植えて。乾燥に強く長く咲き続ける花なので、室内インテリアにもってこい。

使った植物

レウイシア

レウイシアはロッキー山脈に見られる植物で、乾燥に強く冬から初夏まで次から次へと花を付けます。高温多湿には弱く雨が当たることを嫌うので、室内向けの植物。

その他使ったもの

- 9㎝×9㎝×高さ18㎝の白と黒の角形鉢　各1個
- 多肉植物の土　1リットル

（写真の鉢はレチューザ・ミニキューピ〈ホワイト&ブラック〉）

Case 3　インパクトのあるグリーンインテリアでスッキリ広々見せている部屋

使った植物

左：オレガノ

小さな黄緑の葉がかわいい。煮込み料理のブーケガルニにも使われる。

中：イングリッシュラベンダー

春から初夏に花茎を伸ばし、先端に芳香のある小さな花を穂状に付ける。

右：タイム

肉・魚介類の煮込み料理のブーケガルニ、ティーなど料理に幅広く利用される。

その他使ったもの

- 9㎝×9㎝×高さ18㎝の白い角形鉢　3個
- 観葉植物の土　1.5リットル

（写真の鉢はレチューザ・ミニキュービ〈ホワイト〉）

Idea4 》キッチン

日当たりの少ない場所では育たない ハーブもあきらめない

小さな鉢なら、太陽を追いかけて家の中でも外でも手で運んで移動してやればすむ話、という発想です。

Idea5 》リビング

パセリの勢いとエネルギーは キッチンから飛び出して リビングのインテリアにもなる

「たかがパセリ」と侮ることなかれです。この凄い勢いのパセリはキッチンに収まらず、リビングにエネルギーをふりまきます。

使った植物

パセリ

一度にたくさん採ってしまうと生育が弱るので、柔らかい若い葉を外側から順番に使う。

その他使ったもの

- 直径15㎝×高さ26㎝の鉢
- 観葉植物の土　1.5リットル

（写真の鉢はレチューザ・デルタ15〈スカーレット〉）

Idea6 》ベランダ

高い位置にコンテナを固定すれば 日差しの届かないベランダでも花が楽しめる

ご夫妻は高いコンクリートの壁に阻まれたベランダでは、花が育たないとあきらめていましたが、手すりのトップにブラケットとストラップで固定できるタイプのコンテナを使ってみたら植物が日なたに届いて、見事に問題解決です。

使った植物

ゼラニューム‘カリオペ’

耐暑性に優れ夏でも花を咲かせ続ける。表土が乾いたらたっぷりと水を。開花時には2週間に1度の液肥を。

ロベリア

強健な性質だが暑さにやや弱くて高温多湿を嫌がる。日当たりと風通しの良い場所で育てる。

アイビー

斑入りのものは日が当たると葉の色つやが良くなるが真夏は直射日光を避ける。表土が乾いてから水やりを。

シュガーバイン

窓辺などの明るい場所が適し育てやすい。5枚の葉が花のように広がる。表土が乾いたら水やりを。

その他使ったもの

- 80㎝×19㎝×高さ19㎝のコンテナ型鉢　2個
- 培養土　12リットル

（写真の鉢はレチューザ・バルコネラ80〈モカ〉）

Idea7 》ベランダ

ベランダのコーナーでも 背の高い縦長の鉢が活躍。 日当たりとアクセントのダブル効果

ベランダの植物にも高さのある鉢を使えば足元をスッキリ見せるとともに、存在感を誇れます。鉢色は上のフラワーボックスのゼラニュームと同じスカーレット。下草も同じブルーのロベリアで繋ぎ、色をコーディネイトしています。

使った植物

スモークツリー‘ゴールデンスピリット’

柔らかいライム色のスモークツリーは、夏にはホワホワの花が、そして秋にはオレンジ色の紅葉が楽しめます。

ロベリア▶ 上記参照

その他使ったもの

- 30㎝×30㎝×高さ56㎝の角形鉢
- 培養土　14リットル

（写真の鉢はレチューザ・キュービコ30〈スカーレット〉）

インパクトのある
グリーンインテリア実例のコツ

1

狭い玄関には鮮やかでスリムな鉢をワンポイントで使う

2

長く咲く鉢花を切り花感覚でリビングに飾ってみる

3

移動が簡単な小さい鉢なら、日の差さない部屋でもハーブを置ける

4

リビングにはプラスエネルギーを強く発する植物を

5

日の届かないベランダも土面を上げる工夫をすれば花畑に

Chapter 5

知っておきたい
基本の世話

ここからは文字ばかりで面白くないかもしれませんが「大切な話」です。キレイな花も、元気なグリーンも、植物にとっての健康は環境なくしては成り立ちません。土の選び方、水やり、鉢の話、メンテナンスetc.……どんな環境に置かれても自分では動けず、声を出して要求もできない植物に、私たちもラクをしながらしっかりと応えるコツとアイディアをご紹介します。

1

土の話

植物の健康は土で決まると言っても過言ではない

地球という大きな器の地面の土は、限られた容量の鉢には不向きです。粒子が細かすぎて排水性が悪く、植物の根は窒息します。根が健康に育つためには、土の粒の間に空気が不可欠で、鉢植えには鉢植え用に調合された土を使う必要があるのです。

鉢植え用の土は安くはありません。

自分でミックスすれば比較的安く作れますが、1人2人のために20人分の材料を買い込んで料理するのと同じで、ミックスする場所やできあがった用土を置いておくスペース等を考えれば、既にミックスされた培養土をそのつど必要なだけ買うほうがずっとラクでお得です。職業上たくさんの鉢植えを作る私も、既にミックスされた培養土を使っています。

土に関しては、まさに安かろう、悪かろう。安物買いの銭失い。ずっしり重い土は要注意で植物の息の根を止めます。15リットル袋で1000円程度が適当な値段です。

もちろん信頼できる店であることが前提条件ですが、園芸店の自社ブレンド培養土をオススメします。土の大切さを誰よりも知っている園芸店は、自分達の名にかけて土をブレンドし、自信がなければ売らないからです。そして有名ブランド社の培養土より値段が多少なりとも割安です。

ブレンドされた培養土は、排水性、通気性が良く、そして逆説的ですが、すぐにカラカラにならない保湿性に優れ、肥料を保つ保肥力を持ち植物の生長に適したpH配合になっています。

そのほか、消毒してある、観葉植物用の土は、同じ容量で1500円ほどが目安。

「安い土は結局使えない」と心得よう

近頃、バラ用、野菜用、トマト用の土まで出現していますが、室内の観葉植物、多肉植物と蘭を除いては、すべて普通の培養土で充分育ちます。それぞれの土を買って、自宅の物置きに土嚢を積みあげる必要はありません。

植えるときは植物の根が土に密着するようしっかりと押さえて植えましょう。どんなに良い土を使っても、植え方が甘いと根と土の間に隙間ができて根は水を吸えません。

基本は培養土です。他に多肉植物には軽石ベースで根腐れを防ぐ専用の土、室内は消毒されて清潔な観葉植物の土、この3種で蘭以外のすべてのプランツに応用できます。

2

水やりの話

実は多くの鉢植えは「水攻め」にあって死ぬ

せっかく排水性と通気性のある用土を入れても、その隙間にいつも水が溜まっていたら、水中植物以外の植物は窒息します。水中植物の根は水根と呼ばれ、水の中で生活できる形態になっていますが、陸上の植物の根は私たちと同じく、生きていくには酸素が必要不可欠です。常に水を含んだ土の中では根はドロドロに腐って吸水力を失い、死にます。

余談ですが、陸上植物の根もみずから水の中に入って行くときは水根となって水を吸い上げ、枝葉を支えます。この植物の適応性と生き残ることへの強い意志には驚嘆するばかりです。15億年前に藻のような形で水中から発した命。約5億年前、陸上が安全と判断し移住した植物。その判断は間違っていなかったと、鉢の中でも思えるようにしてやりたいものです。

特に肉厚の葉を付けているサボテンなどは、砂漠など乾燥した環境に適した形態で進化を遂げてきました。ですから葉に水分を蓄える多肉植物に度重なる水やりは（絶対に）禁物です。進化に逆行するからです。

植物を枯らす人はよく「私はサボテンまで枯らした」と嘆きますが、サボテンまでではなく、サボテンだから枯れたのです。そして枯れたのではなく溺れ死んだのです。

前置きが長くなりました。それではどのような水やりをすれば植物が育つのか?

大事な部分に入ります。

一言で言えば「メリハリ」、もう一言足せば「飴と鞭」

土全体が水を含むまでたっぷりと水をやり、後は土が乾いて、葉がシナッとするまでぐっとこらえて水を控えるのが基本です。植物は生きることでは私たちの大先輩。そう簡単に死んでは5億年の歴史は生まれませんでした。しおれ気味の葉は水をやればまたシャンとします。片や根がドロドロになった植物はもう決して戻りません。

水やりをするには、上から水をかけるより下から十分に水を吸わせたほうが効果的です。

鉢より大きな器を用意して水を張り、その中に植物の鉢を足湯のように入れて、数時間そのままにして土が充分水を含んだら、鉢を取り出します。私は寝る前にシンクに水を張ってグリーンを浸し、朝歯を磨く前に引き上げます。待たず、忘れず、時間をかけずに水やり完了です。

このくらいシナッとした状態になってから水を入れた容器に鉢ごとつけます。乾いた根が喜んでぐんぐん水を吸い上げます。

下から充分水を吸わせたら取り出し、乾いた皿に戻し、またシナッとするまでは放っておきます。

3

鉢の話

1.植え込み鉢

この本で使っている鉢は、①植え込み鉢、もう一つは②鉢カバーとして使う鉢、と大きく2種類に分かれます。

私は植え込み鉢は、ほとんどの場合、底面灌水鉢のレチューザを使用しています。その理由は、水を底に溜めておけるのでケアがラクなこと。そしてこの鉢の構造は自然界で植物が地下水を吸い上げるシステムを手本に作られているので、植物は強く丈夫に育ち、虫や病気をあまり寄せ付けず、これまたローメンテナンスに繋がるからです。

また、手間が省けるだけでなく、そのシンプルな形と美しい色は何にでもマッチするという使いやすさがあります。

次に、もうひとつ知っておいて頂きたいのは、園芸店で売られている鉢の寸法について。この本の中にも「5号鉢」「2号鉢」とあちらこちらに出てきました。「号」は鉢の直径を表し、1号増えるごとに径が3cm大きくなります。つまり「5号鉢」は「直径15cmの鉢」ということなのです。鉢を買いに行くときに覚えておくと便利です。

レチューザの鉢にはローメンテナンスのための工夫が多くほどこされている。またサイズ、形、色が豊富なのでインテリアと合わせやすい。

2.鉢カバー

私は園芸店から購入したポット苗や花鉢を植え替えずにそのまま使うことが多いので、鉢カバーはマストのアイテムです。よく使うのは、COCCO。イタリア製の樹脂鉢で底は穴なしです。艶やかなアクリルには高級感があり、10色の美しい色とサイズが揃っていて、汚れもさっと拭くだけで落ち、軽くて割れません。お値段も手頃です。重ねてしまっておけるので場所を取らず、大変便利です。

その他、あまり水を必要としない多肉植物にはグラスや食器を使っています。日本は包装大国。缶・プラスチック・包みなど、キレイすぎて捨てるのがもったいない。特にプラスチックカップは軽く透明で土の乾きも見えるのでよく利用します。鉢カバーは工夫次第でどんなものでも使えますので皆さんも使い方を考えてみてください。

写真はCOCCO。重ねて1ヵ所にしまっておけ、一目でサイズと色がわかって便利。

4

「ローメンテナンス」にするには

まず買うときから健康な苗を手に入れる

排水性、保水性、通気性の良い土を使い、飴と鞭式で水やりをするだけでメンテナンスはぐーんとラクになりますが、植物自体にも手の掛かるものと掛からないものがあります。オリヅルラン、シュガーバイン、ポトスは手のかからない代表的なグリーンのトップ3です。

その上でローメンテナンスの第1位の条件は植物がもともと健康であること。

園芸店で植物を買うときには、①色鮮やかで、節と節との間が短く、ひょろひょろと間延びしていないものを求めます。これはその植物が適した環境で愛情豊かに育てられた証です。②虫が付いていないことも確かめましょう。③見えない根のチェックも大事です。ポット苗は、ポットをそ〜っと軽くスクィーズしてみて、スポンジのような弾力性があれば土たっぷりの新しい苗。野球のボールのようだったら、もう根がパンパンの売れ残りです。もちろん、柔らかなポットを求めます。大鉢の植物を買うときも、植わっている土がカチカチで底から根が出ているものは極力避けます。

せっかく健康な植物を買ってきても、太陽が好きな植物を日陰で育てたら弱くなり、見た目にも貧弱になります。

弱くなった植物は病気にかかりやすく、虫もこれ幸いと攻めて来ます。弱肉強食、自然界は弱い者いじめの過酷な世界です。メンテナンスをラクにするためには、適材適所、植物が健康に育つ環境を選んでやることが鉄則です。

サイズに惑わされず、節と節との間が短い苗を選びます。曲がって出た枝は、結局は切らないと不安定で不格好。

植物の性質を知り、適材適所に置く

観葉植物はレースのカーテン越しの柔らかな日差しが基本です。光が足りないと光合成ができずに葉は色を失います。耐陰性がある植物も、真っ暗闇では育ちません。そういう場所で育てるには人工ライトの助けが必要です。逆に、いくら日光が好きでも太陽が強すぎると葉焼けして赤茶けます。人の日焼けと一緒です。

ショップでどんな環境に置かれていたかでも変わってきます。家に持ち帰った植物が置いた場所に向いているかどうか、最初の数週間はしっかり様子を観察し、必要なら鉢を動かし、植物が喜ぶスポットを探してやりましょう。

最初にちょっと目と手をかけてやると、後々の問題を回避できローメンテナンスの植物となります。かけた時間は充分に報われます。

また、近頃、猛暑や厳冬が続いています。

観葉植物は温暖な地に生まれ育ちますので10℃以下では生き延びないものが多く、玄関に置く植物は少なくとも5℃までは耐える、比較的耐寒性のあるドラセナ、シェフレラ、オーガスタなどが向いています。そして厳冬の間はやはり少し暖かなところに避難させるいたわりの心が欲しいものです。

直射日光に弱いレックスベゴニアをはじめ、観葉植物のほとんどがカーテン越しの柔らかな光を好みます。

伸びすぎたら切り、混みすぎたらすく

木の剪定はプロの仕事と割り切ります。我が家も庭木の剪定は庭師に頼みますが、ここでは草花に限ってのお話です。先ず、剪定は何のためにするのか?「形を整えたり、風通しを良くし、見た目を美しくするのみでなく、養分を効率良く利用させて生長を促進したり、病害虫の繁殖を予防する」ため。どの植物も、モリモリと元気に育って混み合ってくると、どうしても風の通りが悪くなり、特に夏の屋外ではジメッとして虫や病気の温床になりかねません。重なった葉をすいても、一枝を根元から切っても良し。風が抜けるようすいてください。植物は風にそっと揺さぶられるのが好きなのです。

時々気付いたときに枝を切ってやっていれば形が保てますが、なかなかそこまで手をかけられないのが現実。

ここに真ん中の葉が落ちて、末端にしか花を付けない、伸びすぎたバーベナの鉢があります。一枝一枝、新しく芽の出る葉の上でていねいに切っていては、最後の一枝を切り終えた頃には、また最初からやり直しではたまりません。むずとつかんで断髪式。葉を5〜6枚残したところでばっさりと切り戻してしまいましょう。病気や虫の付いた葉が取り除かれ、切ったことで摘心され、株元に陽光が差し込み、再生されます。

先ずは大きな問題を解決し、気になるのなら時間のあるときに、葉の上に飛び出している枝の部分を切り落としてやればよいのです。全体をアバウトに切り戻しておけば、細かなことは後からしてもしなくてもよいというチョイスが生まれます。ビオラやノースポール、ペチュニアやカリブラコアなども同じ方法で対処できます。

中央の葉が減ってしまったら、葉を4〜5枚残してカット。
時間のある時に飛び出ている枝を丁寧にカットします。

室内植物の場合は、剪定というよりトリミング

PC画面に疲れた目と気を休めるために、デスクの上に置いたスウェーディッシュアイビーの鉢。スウェーディッシュアイビーは生育が速く、2週間もすればひげもじゃになります。本来ならばきちんと花バサミで切るべきでしょうが、紙切りバサミで切っても、指で摘んでも、あまり文句を言いません。たかがトリミングです。

新しい芽は葉の付け根から出てくるので、葉のちょっと上で切ること。裸の茎が飛び出ている姿は見苦しいので、見た目にも理に適った切り方です。

さて、残ったクリッピング（※根から切り離された葉や茎のこと）をどうするか?　水に挿しておけば根を出し子供ができます。でも、本当に子だくさんにしたいですか?　自問自答してください。たくさん子供を作れば、それだけ世話が大変になります。第一、美しく健康に育ててやれる場所はありますか?　両方の問いにyesなら、ブリード（※殖やすこと）してください。植物界から感謝されます。でも、どちらかがnoなら、クリッピングは最初からきっぱり捨ててしまいましょう。

いつも不思議に思うのです。子だくさんのことだけでなく、植物が大きくなったからと、一回り大きな鉢に植え替え続けていったら、肝心の、私たちが快適に生活できるスペースはどうなるのかしらと。

お互いが共に気持ち良く住めるように整え、美しく健康なグリーンインテリアをエンジョイしてください。

小さな室内プランツは、気づいたときにトリミング。葉のちょっと上でカットすれば、そこからまた新芽が生えます。

花柄摘み作業をカットするには?

「パンジーの枯れた花をそのままにしていると、だらしないと言われそうで……」と、玄関に花を置かない友人がいました。大きな花は枯れると確かに目立ちます。ですから小さい花のビオラを使いましょう。花が枯れても目立ちません。

花柄を摘めば種を作るエネルギーをセーブできて、花数はより多くなります。でもビオラは放っておいても次から次へとそれなりにたくさん花を付け続けるので、ローメンテナンスを優先し放っておくのも一つの方法。気が付いたときに「いつも咲いてくれてありがとう」と特別にお礼《れい》摘《つ》みをしたらよいのではないでしょうか。

同じく放っておいても次々に咲いてくれるのがカリブラコア。カリブラコアは花のサイズが大きいペチュニアのように雨に当たっても花が傷むことなく、色も豊富で、形もあまり崩れません。

それで秋・冬はビオラ、春・夏はカリブラコアが我が家の花の定番。ローメンテナンスを求める方には、オススメのチョイスです。

ただし、ここで忘れてはいけないのは次のページで説明する肥料のこと。

花がら摘みをしなくても次から次へと花を咲かせ、花が枯れても目立たない、小さな花のビオラはオススメです。

5

美しく健康に育てるには

咲き続ける花には追加の肥料を

肥料を多く含んだ鉢の土も無限に栄養を与え続けられるわけではありません。花を植え付ける前に、1年間有効な緩効性肥料を土に混ぜ込みます。それでも花が小さくなったり数が減ってきたりしたら、即効性のある液肥を追肥すれば、効果はテキメンに現れます。ラベルに表示された量より薄めで大丈夫です。業者は商品販売を促進するため最大量を記載します。それ以上与えると肥料焼けする恐れもありますので、注意してください。

屋外の鉢には培養土にバーク堆肥を1割ほど混ぜて用いると効果的です。バーク堆肥は木の皮などを発酵させて作った土壌改良材で，肥料効果を求められないと言われます。 けれど、保肥性、保湿性、通気性に優れ、土壌の微生物の活動を活発にさせるからでしょうか、肥料食いの四季咲きバラでさえも、追肥なしに毎年秋までハッピーに花を咲かせ続けます。

バーク堆肥は園芸店で、袋入りのものが手に入ります。未成熟の堆肥はみずからの成熟のために土の窒素を奪うので、逆効果。使うときは園芸店で聞いて、安全な製品を手に入れてください。

植え付け前に一年間有効な緩効性肥料を使うと安心。
それでも花の量や質が落ちたら、即効性のある液肥を。

おわりに

私たちにとってグリーンって何でしょう?

ワーカホリックで倒れたとき、私が無意識に頼ったのはグリーン、活力を取り戻してくれたのもグリーンでした。空気に良い気と悪い気があるならば、グリーンは明らかに良い気を私たちにもたらしてくれます。でもそれは一方通行ではなく互恵関係です。私たちが息をすることで出す二酸化炭素で光合成を行うグリーンは、お返しに私たちに酸素をプレゼントして応えます。お互いを支え合い、繋がって生きています。

相手を知ることから始まるのはなにも人間関係だけではありません。グリーンにも氏素性があり、育ってきた環境があります。生まれた場所の自然環境がベストの条件に違いありませんが、降り注ぐ太陽の下で生まれたグリーンも、ショップの半日陰に慣れたところで家庭のサンルームに連れて来られたら戸惑います。暗闇に慣れた葉には、一足飛びのビーチは眩し過ぎて葉焼けします。まずは半日陰、柔らかな光のもとで、そして少しずつ日当たりの良いところに移してやるのが、妥当な付き合い方と言えるでしょう。マニュアル通りにはいかないのです。育ちがわからなければ試行錯誤するしかありません。元気に育ってもらうためには寄り添うところから始まります。見てやること、これが私たちが植物に示せる最大の愛情です。見ていれば、気付くことがたくさんあるのは子育てと同じです。
植物とはゆったりと1年位のスパンで付き合いましょう。たとえ3ヵ月でグリーンが枯れても、あきらめずあと9ヵ月、次世代グリーンと付き合いを続けましょう。5億年の歴史を誇る植物は、生きることでは私たちの大先輩です。もしかしたら、枯れたグリーンは私たちの心と体の痛みを吸い取って果てたのかもしれません。
この本では、どこにでもある植物と器を組み合わせ、生活を豊かにする美しいグリーンインテリアのアイディアを試しました。実験室からはみ出し足の踏み場もなくなる家で、文句ひとつも言わずに支えてくれた夫に感謝です。また、模索を実現に導いてくださった植松孝行さん&かなさん、編集者の宇治宏子さん、デザイナーの神宮理恵さん、その他この本の制作に力を貸してくださったすべてのスタッフの皆さま、ありがとうございました。そしてこの本をお手にとってくださった読者の皆様、深くお礼を申し上げます。

日々の生活で、皆様が植物とラクに楽しく付き合っていけることを願って。

2月吉日 **北代 京子**

北代京子（きただい・きょうこ）

ホーム&ガーデン・デザイナー。フライトアテンダントを経て80年代にニューヨークでリサーチ・コーディネート会社を起業。ワーカホリックで健康を害した後、植物に興味を持ち、著名な植物学研究所を持ちニューヨーク市内にある植物園“New York Botanical Garden”でランドスケープ・デザイン科を修了。最初に作ったニューヨーク自宅の庭が権威あるガーデンツアーに選ばれTV等でも紹介される。2006年に家庭の事情で帰国。個人宅の庭のデザインや施工、グリーンインテリアなど、ワークショップを催し、植物と共に生きるライフスタイルを紹介している。

www.kyokostyle.com

ブックデザイン　神宮理恵（ケークルーデザインワークス）

講談社の実用BOOK

これだったんだ！
グリーンインテリアのコツ
～初《はじ》めてでも失敗《しっぱい》なしにセンスよく見《み》える方法《ほうほう》～

2015年3月12日　第1刷発行

著者　北代《きただい》 京《きょう》子《こ》
発行者　鈴木 哲
発行所　株式会社 講談社
〒112-8001　東京都文京区音羽2-12-21
電話　（編集部）03-5395-3527
（販売部）03-5395-3625
（業務部）03-5395-3615
印刷所　大日本印刷株式会社
製本所　株式会社若林製本工場

ISBN978-4-06-299823-9